Heinrich Langwerth von Simmern

Die Deutschhannoversche Partei und die braunschweigische Frage

Heinrich Langwerth von Simmern

Die Deutschhannoversche Partei und die braunschweigische Frage

ISBN/EAN: 9783743377912

Hergestellt in Europa, USA, Kanada, Australien, Japan

Cover: Foto ©Andreas Hilbeck / pixelio.de

Manufactured and distributed by brebook publishing software (www.brebook.com)

Heinrich Langwerth von Simmern

Die Deutschhannoversche Partei und die braunschweigische Frage

Die

Deutschhannoversche Partei

und die

Braunschweigische Frage

von

H. Freiherrn Langwerth von Simmern,

Mitglied des deutschen Reichstages.

———— ❧ ————

Celle 1885.

Verlag der Schulbuchhandlung.

Die

Deutschhannoversche Partei

und die

Braunschweigische Frage

von

H. Freiherrn Langwerth von Simmern,
Mitglied des deutschen Reichstages.

---—※—---

Celle 1885.
Verlag der Schulbuchhandlung.

Druck von W. Hopf in Melsungen (Kurhessen).

Inhalt.

I. Das Ziel der deutschhannoverschen Partei . . . . S. 3
  1. Vom konservativen Standpunkte . . . . „ 3
  2. Vom freiheitlichen Standpunkte . . . . „ 10
  3. Vom föderativen Standpunkte . . . . „ 20

II. Mittel und Wege zur Restauration . . . . „ 30
  1. Die Hülfe des Auslandes nicht . . . . „ 30
  2. Der thatsächliche Protest . . . . „ 40
  3. Die Umstimmung der öffentlichen Meinung . . . . . . „ 45

III. Die braunschweigische Frage . . . . „ 55
  1. Die Beziehung zwischen der braunschweigischen und der hannoverschen Frage . . . . „ 55
  2. Die Vorgänge seit dem Tode des Herzogs Wilhelm von Braunschweig . . . . „ 51

Resultate . . . . „ 81

Neuerliche Vorgänge im Reichstage haben die öffentliche Aufmerksamkeit wieder auf die hannoversche Frage gelenkt. Und der Königlich preußische Antrag in Sachen der braunschweigischen Thronfolge motivirt die Ausschließung des Herzoges von Cumberland durch „die Haltung seiner Anhänger im hannoverschen Lande." Es mag deßhalb am Platze sein, die Haltung der deutsch-hannoverschen Partei und das Verhältniß zu prüfen, in dem die braunschweigische Frage thatsächlich dazu steht.*)

Wir werden bestrebt sein, uns mit völliger Ruhe und Objektivität zu äußern und wollen Niemand zu nahe treten. Aber wir möchten unsere verschiedenen Gegner in dieser ernsten Krisis bitten, sich doch auch einmal auf unseren Standpunkt zu stellen und auch da Gerechtigkeit gegen uns zu üben, wo wir ihnen

---

*) Diese Blätter waren ursprünglich dadurch veranlaßt, daß es dem Verfasser in der denkwürdigen Sitzung des 11. Mai nur vergönnt war, in einer „persönlichen Bemerkung" zu Worte zu gelangen. Der „preußische Antrag" und was damit zusammenhängt, hat ihnen dann einen erweiterten Inhalt gegeben.

unverständlich bleiben. Ein politisches Leben ist gar nicht möglich oder muß zu den allerbedenklichsten Folgen führen, wenn man nur denjenigen Bestrebungen eine relative Bedeutung zuerkennen will, die man versteht und für erreichbar erhält. Selbst der socialdemo= kratischen Partei hat man eine Existenzberechtigung zuerkannt. Man wird sie denen nicht versagen dürfen, die auf einem Boden stehen geblieben sind, der vor dem Jahre 1866, ja, der seit über 1000 Jahre allein als der Rechtsstandpunkt und allein als der monarchische Standpunkt in Deutschland gegolten hat.

I.
Das Ziel der deutsch-hannoverschen Partei.

Die deutsch-hannoversche Partei — wir ziehen diesen Namen der Bezeichnung „welfisch" vor, obwohl wir uns in **manchen Beziehungen** die Bezugnahme auf die bündischen Parteien des Mittelalters sehr wohl gefallen lassen könnten — erstrebt anerkannter und ausgesprochener Maßen die Wiederherstellung Hannovers als eines selbstständigen Gliedes innerhalb des deutschen Reiches. Man darf jedoch dieses Ziel nicht isolirt betrachten und nicht loslösen von der deutschen Frage. Gewiß streben wir auch als **Hannoveraner** nach der Wiederherstellung unseres Landes. Aber dieses **Streben wurzelt doch in dem für unser gesammtdeutsches Vaterland Erstrebten**. Wie die deutsche Vaterlandsliebe in der Liebe für unser engeres Vaterland seine tiefsten Wurzeln hat, so darf der Sonderpatriotismus auch wieder seinerseits von dem deutschen Patriotismus nicht losgelöst werden. Wir sind gute Deutsche. Gerade deßhalb glauben wir, gute Hannoveraner sein und die Wiederherstellung Hannovers erstreben zu müssen.

1. Vom konservativen Standpunkte.

Es erscheint uns die Wiederherstellung unseres Landes zunächst als eine Forderung vom konservativen Standpunkte aus. Man wird hier die Frage aufwerfen, was denn der Kern eines berechtigten Konservatismus sei. Manche sind bei der Beantwortung dieser Frage sehr rasch bei der Hand. Sie führen allen Konservatismus mehr oder weniger auf den Gehorsam gegen diejenige Obrigkeit zurück, die zur Zeit Gewalt über uns habe. Wir vermögen hierin jedoch nur ein ganz äußerliches Moment zu erblicken. Wären Alle diejenigen Konservative, die den Gehorsam gegen die thatsächliche Obrigkeit predigen, und Alle die Revolutionäre, welche so oder so gegen eine thatsächliche Obrigkeit protestieren, so wären die Sans-culotten Robespierre's 1793 in Frankreich die Konservativen gewesen, und die Legitimisten sammt und sonders, und zwar auch dann die Revolutionäre, wenn sie ruhig in Frankreich blieben und sich äußerlich der neuen Ordnung unterwarfen. Daß eine Staatsordnung, damit nicht alles in Barbarei verfällt, unter allen Umständen innerhalb eines Volkes bestehen muß, wird kein verständiger Mensch leugnen, und ebensowenig wird ein verständiger Mensch sich dem Gehorsam gegen eine Staatsordnung, sobald und so lange dieselbe einen ständigen Charakter besitzt, entziehen. Aber es ist etwas ganz anderes, ob man in einer solchen Staatsordnung so zu sagen eine thatsächliche negotiorum gestio sieht oder die von Gott geordnete rechtmäßige Obrigkeit.

Andere identificiren den Konservatismus mit dem sogenannten „monarchischen Prinzip". Aber es ist schon oft darauf geantwortet worden, daß es doch auch in einer Republik einen Konservatismus geben könne und müsse. Und davon abgesehen ist der in der Periode der 20er und 30er Jahre aufgekommene Begriff des monarchischen Prinzips ein außerordentlich dehnbarer und sicherlich nicht ausreichender. Auch Napoleon I. vertrat ein „monarchisches Prinzip." Will man ihn aber darum einen Konservativen nennen? Der größte Revolutionär kann die Monarchie erstreben; — wie uns denn z. B. bekanntlich gesagt worden ist, daß Lassalle ein monarchisch gesinnter Mann gewesen sei. — Noch viel weniger kann man den Begriff des Staates, wie es auch vorgekommen ist, als den eigentlichen Inhalt des Konservatismus bezeichnen. Es hat konservative und revolutionäre Staatswesen gegeben und gerade die revolutionären haben den Kultus des Staates — wir verweisen auch hier auf Robespierre und Napoleon — auf den höchsten Gipfel getrieben. Ja, wenn wir offen sein wollen, so müssen wir es aussprechen, daß zu allen Zeiten der Staatsbegriff weit mehr in einem Gegensatze zu dem Konservatismus gestanden hat, als daß er sich mit ihm gedeckt hätte.

Was das eigentliche Wesen eines jeden Konservatismus ausmachen muß und auch thatsächlich ausmacht, das ist die geschichtliche Tradition, das ist das Streben, diese geschichtliche Tradition zu erhalten, zu pflegen und zu fördern. Es liegt nun auf der Hand, wohin die geschichtliche Tradition den hannoverschen Konservativen führen muß. Die deutsch-hannoversche Partei ist ihrem Kerne nach aus der alten konservativen Partei Hannovers hervorgegangen; und diese hatte sich im Anschluß an die großdeutsche Partei der Paulskirche seit 1848 herangebildet. Es ist hart genug, wenn wir unseren großdeutschen Idealen entsagen sollen und für eine unabsehbare Zeit, ohne die Zertrümmerung Oesterreichs nicht einmal einen Weg zu der Heranziehung von dessen deutschen Ländern zu erblicken vermögen. Wenn man aber nun noch obendrein verlangt, daß wir aufhören sollen, uns lediglich als Deutsche und Hannoveraner zu betrachten und zu fühlen, daß wir uns in Preußen umdenken sollen, so begehrt man moralisch Unmögliches von uns. Man verweist uns auf die Konservativen der 1815 an Preußen abgetretenen sächsischen Gebiete. Denken wir der Sache nach, so kommen wir schon hier direkt auf den Rechtspunkt. Die Erwerbungen von 1815 wurden allerdings von dem Jubel der Freiheitskriege, von der Dankbarkeit für die preußischen Waffenthaten vergoldet. Die Hauptsache aber war doch ein Anderes; man fügte sich damals, weil Preußen einen unanfechtbaren Rechtstitel besaß. Dem brachte man den Sonderpatriotismus zum Opfer.

In Hannover aber liegen die Sachen bekanntlich nicht so. Eben weil dieser moralische Grund für das verlangte Opfer fehlt, fügt man sich nicht. Die eigentliche Bedeutung der Bismarck'schen Rede vom 11. März liegt für uns darin, daß sie vor aller Welt constatirt, wie man sich in einem Irrthum befand, als man glaubte, es werde bei uns wie in Sachsen gehen. Es blutet die Wunde bei uns fort und fort; wir wünschen, daß daraus keine das ganze deutsche Staatswesen vergiftende Eiterbeule entstehe.

Die Sache hat noch eine andere Seite. Von den „berechtigten Eigenthümlichkeiten" Althannovers, die bekanntlich geschützt werden sollten, fällt eine nach der anderen; es giebt wohl keine, welche nicht bedroht wäre. Man geht in dem Unifikationsstreben w e i t über das, was in Sachsen, Rheinland und Westphalen in den 20er und 30er Jahren geschah, hinaus. Denn die Zeiten sind andere geworden. Auch gerade der Rechtsbruch von 1866 treibt die Gegner weiter und weiter. Und es stehen unsere Traditionen andererseits in einem solchen Gegensatze zu der fridericianischen Ueberlieferung des Preußenthums, daß das Umdenken in Preußen, wie die Dinge liegen, der völligen Aufgabe unserer Traditionen gleichkäme.

Ein Kampf auf Tod und Leben für unser Volksthum ist entbrannt. Schon die Ehre erfordert nach unserer Ansicht, auf der Seite der Volksgenossen zu stehen. Den Kampf aber für unser Volksthum können wir nicht führen, wenn wir nicht fort und fort die Wunde des Jahres 1866 aufreißen, wenn wir nicht festhalten an dem damals gebrochenen Recht. Das Rechtsbewußtsein ist die stärkste Waffe gegen die moderne Nivellirung. Und wenn wir erst zugeben, daß wir Preußen sind, so haben wir kein Mittel mehr, um unsere Tradition festzuhalten. Denn es ist ja dann unsere Pflicht, — recht preußisch zu denken. Wie es in Sachsen gegangen und unseres Erachtens nicht zum Segen Gesammtdeutschlands gegangen, liegt am Tage; und wir besitzen nicht das Element des Widerstands, das die in diesem Jahrhundert zu Preußen hinzugekommenen Westphalen in ihrem Katholizismus besitzen. Auch die Rheinlande könnte man zum Vergleiche heranziehen. Diese aber besitzen außer dem Katholizismus den Vorzug einer viel älteren Kultur, das Bewußtsein, zu den alten Kernlanden des ursprünglichen Deutschlands zu gehören. Sie sind viel weiter als wir von den altpreußischen Landen mit ihrem Berlin entfernt, sie liegen an der westlichen Grenze Deutschlands; und es kommt hier auch noch ein anderes Element des Widerstandes in Betracht, das — man mag sich darüber freuen oder nicht — mit den Nachwirkungen der französischen Revolution und der französischen Herrschaft zusammenhängt und das schon allein stark genug ist, um den „Preuß" fort und fort zu einem Fremden für die meisten Rheinländer zu stempeln. Wir Hannoveraner besitzen aber keinen andern Rückhalt als unser Rechtsbewußtsein. Fällt dieses weg, so sind wir der modernen Nivellirung, die heute Alles und Jedes so viel mehr als vor 70 Jahren bedroht, rettungslos verfallen. Da das Vernünftige, Verstandesmäßige zu unseren besonderen Gefahren gehört, so würden wir der modernen Verflachung vielleicht sogar mehr als irgend ein anderer Theil Deutschlands verfallen, wenn wir erst eine preußische Musterprovinz geworden wären. Darum kämpfen wir in jeder Beziehung pro aris et focis, wenn wir das Rechtsprinzip festhalten und Hannoveraner und Deutsche, nicht aber Preußen sein wollen.

Aber noch mehr! Das Recht eines Landes ist sein eigenstes Produkt und kann von seiner übrigen Tradition nicht losgelöst werden. Wenn man an der Tradition eines Landes festhält, so muß man auch an seiner Rechtsüberlieferung festhalten. Denn das Recht ist nichts Willkürliches oder gar etwa eine Fiction.

Das Recht ensteht aus — der Sitte. Man kann, so lange das Rechtsleben nicht überhaupt zerstört ist, nicht etwa auf dem

Wege eines „Pronunciamento" mit rechtlicher Wirkung erklären, von heute an solle das und das Rechtens in einem Lande sein. Das Recht beruht auf der communis opinio omnium, man kann dagegen freveln, es kann — wie auch wir annehmen — auf dem Wege der Verjährung ein neues Recht sich bilden. So lange dies aber noch nicht der Fall ist, kann der bloße Detentionsbesitz innerhalb des christlichen Europas und vor Allem innerhalb derselben Nation kein Recht bilden. Wenn Vattél und Grotius in der Renaissance- und Zopfperiode schlechtweg auf den antiken, heidnischen Begriff der debellatio zurückgriffen; so halten wir das ebenso gut für einen Fehlgriff als die ganze antikisirende Richtung jener Zeiten. Mindestens auf ein christlich-europäisches Volk, das wie das unsrige nie aufgehört hat, sich als eine Rechtseinheit zu fühlen, sind diese Begriffe aber vollends unanwendbar. Wir würden dadurch unsere innere nationale Einheit aufgeben. Die communis opinio omnium widerstreitet und widerstritt ihnen bei uns aber freilich auch aus anderen Gründen alle Zeit unbedingt. Wir Deutsche sind eben von jeher das Rechtsvolk par excellence gewesen, und wir sind auch das dynastische Volk Europas. Wie fast alle heutigen Dynastien aus Deutschland stammen oder doch germanischen Ursprungs sind, so ist die dynastische Idee mit ihrer Treue im Unglück von den Germanen in die neuere Geschichte eingeführt. Eine Treue für die Tradition ist bei uns Deutschen unzertrennlich von der dynastischen Treue. Die konservativen Kreise eines Landes aber geben sich selbst auf, wenn sie im Unglück die dynastische Treue verleugnen.

Die Bewegung des Jahres 1848 ist an dem Rechtsgefühl gescheitert. Die Gefahren der Zeit haben sich seitdem wahrlich nicht verringert. Das Rechtsgefühl aber ist schwächer geworden. Erscheint es da nicht als eine heilige Pflicht für den Konservativen, das Rechtsgefühl und die dynastische Treue, überall, wo sie eine Macht bilden, am Leben zu erhalten? Wir haben wahrlich keinen Luxus mehr mit der konservativen Ueberkommenschaft unseres Volkes zu treiben. Es kann wie der Dieb in der Nacht eine Zeit kommen, wo man an alle konservativen und auch an alle dynastischen Elemente Deutschlands appelliren muß. Ein neues dynastisches Gefühl würde in unseren kritischen Zeiten, auch wenn unsere Partei nicht da wäre, in Hannover nicht nachwachsen. Aber auch uns hannoversche Legitimisten wird man in einer solchen Krisis brauchen und rufen. Gewiß liegt die Rechts= frage in Hessen, Nassau, Frankfurt und, wie wir überzeugt sind, auch in Schleswig=Holstein nicht anders. Wenn sich in einem dieser Gebiete über kurz oder lang eine auf die Restauration ge= richtete namhafte Bewegung geltend macht, so werden wir auch dafür in die Schranken treten; und wir werden es wahrlich nicht minder thun, wenn auch noch andere deutsche Länder in unsere Lage gebracht werden sollten. Für den Moment wird der „Kampf ums Recht" aber in Hannover geführt. Gott hat uns auf diesen Boden gestellt. Es ist unserer Auffassung nach unsere Pflicht, auf demselben auszuharren und in der Verbindung mit unserem Volke und als die Organe derjenigen Ueberzeugungen, die wir noch immer als die eigentliche Volksüberzeugung bezeichnen dürfen, ein= zutreten — für das Recht. Hegen wir doch trotz Allem noch das gute Vertrauen zu den Konservativen, daß sie an unserer Stelle ebenso wie wir handeln würden. Die preußischen Konservativen aber verweisen wir insbesondere auf die Stellung, die sie seiner Zeit auch den Neuschateler Royalisten gegenüber einnahmen, ob= wohl es sich dabei um Männer handelte, die leider zur Ge= waltthätigkeit und zur offenen Empörung fortgeschritten waren. Und nicht minder erinnern wir sie an jenen Ehrenschild, den sie nach dem Jahre 1860 — **also in Mitten der zum Jahre 1866 führenden Strömung** — dem Könige von Neapel schenkten. Möchten sie innerhalb Deutschlands nicht einen Unter= schied zwischen Eroberungsrecht und Revolution zu machen ver=

suchen! Das Eroberungsrecht innerhalb ein und derselben organi=
sirten Nation ist Revolution. Möchten sie keinen Unterschied zwischen
der Gewalt von oben und von unten machen! Wir erinnern an
das, was der selige Stahl in seiner epochemachenden Rede vor
dem Kriege von 1859 gesagt.

Die preußischen Konservativen haben lange Jahre hindurch
mehr oder weniger an unserer Seite gekämpft. Ihre scheinbaren
jetzigen Erfolge verdanken sie dem Fürsten Bismarck, dieser aber
verdankte sie — man möge sich darüber nicht täuschen — dem Um=
stande, daß er sich zum Werkzeug unserer und ihrer damaligen
Gegner hergab. Die großen Siege auf dem Schlachtfelde werden
heut zu Tage fast immer nur im Dienste einer siegenden Idee
erfochten, ja sie sind nur die Exekutionen siegender Ideen. Und
vor Allem würden die preußischen Errungenschaften des Jahres
1866 nicht in so unglaublicher Weise von allen Seiten hingenommen
worden sein, wenn Fürst Bismarck die liberale Strömung des
Tages nicht auf seiner Seite gehabt hätte. Die Nemesis wird
und kann für die Konservativen nicht ausbleiben.

Die jetzigen konservativen Parteien — darüber täuschen wir
uns nicht — haben sich von den Grundbedingungen eines wirk=
lichen Konservatismus abdrängen lassen und stehen deßhalb als
solche in einem unversöhnlichen inneren Gegensatz zu uns. Aber
es gibt unter den Konservativen viele treffliche Männer, die es
nie verläugnen können, daß ihre Gedanken einen den unsrigen nahe
verwandten Ursprung haben. An diese wenden wir uns; und wir
wissen, daß Krisen über Deutschland hereinbrechen können, die
manchen von ihnen auf einen dem unsern analogen Standpunkt
führen können und vielleicht müssen.

2. Vom freiheitlichen Standpunkte.

So stellt sich nach unserer Ueberzeugung die Sache vom kon=
servativen Standpunkte. Wir vermögen jedoch nicht einzusehen,

welches freiheitliche Interesse der Restauration Hannovers im Wege stände. Ja! wir glauben, daß auch das freiheitliche Interesse dieselbe fordert. Wenn wir hier von dem freiheitlichen Standpunkt sprechen, so wenden wir uns auch dabei an keine bestimmte Fraktion. Das, was wir vom konservativen Standpunkte gesagt, bezieht sich theilweise und in gewissem Sinne auch auf die Angehörigen des Centrums. Das was wir vom freiheitlichen sagen, ist durchaus mit an ihre Adresse gerichtet. Wir haben manche Freunde unter ihnen gefunden. Und wir brauchen es wohl nicht zu sagen, wie ehrlich wir es in allen mit dem Kulturkampf zusammenhängenden Fragen meinen und wie nahe wir dem alten Kern ihrer politischen Ideen stehen. Was die Nationalliberalen betrifft, so ist der Verfasser weit entfernt, in all die harten Urtheile einzustimmen, die der Parteikampf auch auf unserer Seite hervorgerufen hat. Im heftigsten Kampf auf dem engen Raum des hannoverschen Landes zusammengedrängt, hat sich auf beiden Seiten ein verjährter Haß festgesetzt, der hüben und drüben die Objectivität des Urtheils trübt. Wir leugnen nicht, daß es auch unter den Nationalliberalen Männer gibt, die von einem ächten deutschen Patriotismus durchdrungen sind. Wenn man ihre Thätigkeit im Reichstage mit ruhigem Blute betrachtet, so kann es nicht zweifelhaft sein, daß sie es mit dem neuen Reiche wirklich gut meinen, und ihr eigenes Interesse zurückzudrängen trachten. Aber auch vom Rechtsstandpunkte abgesehen, verkennen sie es, unseres Erachtens, daß das sicherste Fundament für den deutschen Patriotismus der Sonderpatriotismus ist, daß beide aus einer Quelle stammen und daß für sehr Viele, ja für die große Mehrheit der deutsche Patriotismus nur dann eine Wahrheit sein kann, wenn er mit einem Sonderpatriotismus verknüpft ist. Sie stehen noch unter dem Bann der alten Staatsidee und werden schon allein deshalb unbillig gegen die Ueberreste des mittelalterlichen, des alten historischen Deutschlands. Sie haben die raschen Erfolge der Jahre 1866 und 1870 überschätzt und in der Begeisterung jener Jahre Dinge mit in den Kauf genommen, die sie niemals in den Kauf hätten nehmen sollen. In manchen Detailfragen werden uns die Deutsch-Freisinnigen ferner stehen, als die, wo ihre eigentlichen Prinzipien nicht in Frage kommen, gemäßigteren Nationalliberalen. Jetzt, wo sie in der Opposition stehen, halten wir die Deutsch-Freisinnigen für zu negativ. Kämen sie dagegen zur Herrschaft, so wissen wir sehr wohl, daß wir bald genug in Opposition gegen sie gerathen würden. In vielen Fragen, für die das preußische Abgeordnetenhaus zuständig ist, gehören wir zu ihren Gegnern. Wir sagen dies Alles aber doch nur, weil uns Freisinnige wohl gefragt, wo denn die Grenzen zwischen ihren und unseren Auffassungen lägen. Nach unserer Ueberzeugung übersehen sie heute noch zu sehr, daß der aller anderen Schranken entledigte Mensch rettungslos dem Staatsabsolutismus verfällt. Aber der Hauptsache nach vertreten sie doch dieselben Prinzipien, die zwischen 1859 und 1870, ja zwischen 1848 und 1870 die öffentliche Meinung Deutschlands bis in die Salons. hinein beherrschten. Die Hauptstreitpunkte zwischen ihnen und uns sind seit den Siegen der Liberalen hinweg gefallen, da an eine Rückgängigmachung ihrer Erfolge im Ganzen und Großen gewiß nicht zu denken ist. Die künstlichen Mittel, durch welche die preußischen Konservativen ihre Macht stützen möchten, erscheinen uns schlimmer als das Uebel selbst. Und was die Hauptsache ist: wir fühlen uns mit den Deutsch-Freisinnigen in dem Kampfe gegen Absolutismus und Staatsomnipotenz schon heute eng verbunden. Die Volksparteiler gehen weiter nach links, stehen uns Föderalisten aber, ihres deutschen Standpunktes wegen, weit näher. Mehr als einmal haben wir uns in Kampfgenossenschaft mit ihnen befunden. Wir kennen Männer unter ihnen, denen wir aufrichtige Sympathien entgegenbringen. Der sozialdemokratischen Partei steht der Verfasser seinen ganzen Anschauungen nach zu fern, um auch an sie einen Appell zu richten. Soweit sie wirklich freiheitliche Elemente enthält, gilt unsere Darlegung natürlich auch ihnen.

Den „liberalen" Parteien ist, wenn wir nicht irren, das dynastische Element unseres politischen Glaubensbekenntnisses ein Dorn im Auge. Aber wir bitten unsere freiheitlich gesinnten Gegner, nicht zu vergessen, wie eng Freiheit und Recht zusammenhängen. Wir bitten sie zu bedenken, daß man nicht für das Recht auf dem einen Gebiete eintreten kann, wenn man es auf dem andern preisgibt. Sie sagen, das Legitimitätsprinzip sei nun doch einmal an so vielen Punkten durchlöchert. Einer einzelnen Familie könne kein a b s o l u t e s Recht an einem Volke zustehen. Nun, es ist wahr, daß man im vorigen Jahrhundert den allgemeinen Begriff des Rechts zu sehr hinter dem dynastischen Recht zurücktreten ließ und daß man in der Restaurationsperiode in denselben Fehler verfiel. Gehört die „Durchlöcherung des Rechtsbodens" bis zu den Verfassungen aber nicht zu den größten Uebelständen, an denen Europa leidet? Ist es nicht Frankreichs größtes Unglück, daß ihm der Glaube an den Rechtsbestand einer bestimmten Regierungsform abhanden gekommen, und ist es nicht vorzüglich deßhalb am Rande von Zuständen, die nahe an die altrömischen streifen? Sind wir in Europa mit den Rechtsbrüchen nicht schon längst an einem Punkte angelangt, wo jeder weitere Schritt vom Uebel sein muß? I s t e s m ö g l i c h m i t d e m R e c h t s p r i n z i p w i r k l i c h z u b r e c h e n? Und ist es nicht etwas ganz anderes, ob man sich, wie die Dinge einmal liegen, überall zum Gensdarmen für das Recht hergibt, oder ob man darüber wacht, daß wenigstens in Deutschland auf jedem Gebiet das Recht gewahrt werde?

Man sagt — auch hier ist wieder ein Wort des Fürsten Bismarck maßgebend — es müsse der Nation auch den fürstlichen Familien gegenüber ein Expropriationsrecht zustehen. Aber wo sind die gesetz- und verfassungsmäßigen Organe für eine solche Expropriation und wo waren sie 1866? Man spricht von einer

Acht. Aber die Achtserklärung des deutschen Reichs entsprach längst nicht mehr dem deutschen Rechtsgefühl, wie sich schon im schmalkaldischen Kriege und noch mehr bei der Acht des Kurfürsten von der Pfalz im dreißigjährigen Kriege gezeigt hat. Sie ist offenbar ebensowenig wieder einzuführen als — die Strafe der Vermögens-Konfiskation.

Daß man sich bei der Entstehung des Reichs über die wohlthätigen Schranken des Rechts hinwegsetzte, rächt sich jetzt bitter. Die herrschende Partei sucht in unserm ganzen Staatsleben das Recht des Schwertes, ja so zu sagen ein Eroberungsrecht geltend zu machen. Seit man das Recht gebrochen, ist auch für die Freiheit keine Stätte mehr in Deutschland. Die liberalen Parteien fühlten dies nicht, so lange die Gewalt ihren Gegnern galt. Naturgemäß wendet das System aber jetzt seine Spitze gegen sie selbst und wird es, wenn auch Rückschläge eintreten sollten, in immer steigendem Maße thun. Dieser Appell wird vermuthlich keinen Widerhall finden. Aber unsere Gegner mögen doch auch bedenken, daß wir unser Recht nicht bloß aus einem abstrakten Legitimitätsprinzip reklamiren, sondern zunächst weil wir uns in dem konkreten Hannover vor unserem Gewissen verpflichtet halten, ein Element nicht untergehen zu lassen, das zum Wohle Deutschlands die Fahne des Rechts und der Freiheit hoch hält.

Dabei hat die Annexion Hannovers unsere Verhältnisse noch ganz besonders verwirrt. Es mußte nach allen Seiten hin schädigend wirken, daß in einem so beträchtlichen Theile Deutschlands nur mit Gewalt regiert werden konnte und daß die öffentliche Meinung dort mit Gewalt niedergedrückt wurde. Alle die Dinge, über die später die Centrumspartei zu klagen hatte, und über die jetzt außer den Sozialdemokraten auch die Deutsch-Freisinnigen mit Recht klagen: sie sind zuerst uns gegenüber in Anwendung gekommen. Bei uns hat die preußische Büreaukratie und die preußische Polizei so zu sagen ihr Probestück abgelegt. Es ist dadurch ein Präcedenz der allerbedenklichsten Art geschaffen. Laut verkündigt der Büreaukratismus, wie es in Hannover sich gezeigt habe, daß einer geschickten und energischen Regierung Alles möglich sei. Die Konsequenzen mußten sich auch gegen den Liberalismus kehren und werden sich fort und fort gegen ihn kehren.

Auch in das innere Parteileben griff die Annexion Hannovers ein. Man hat im liberalen Lager gewisse Schwächen der so lange Zeit maßgebenden nationalliberalen Partei deren hannoverschen Mitgliedern Schuld gegeben. Auch uns ist es in der That unzweifelhaft, daß dieselbe ganz anders aufgetreten sein würde, wenn sie nicht zugleich für Hannover die Annexionspartei gewesen wäre und nicht dort einen sehr heißen Kampf um ihre Existenz hätte führen müssen.

Nichts ist dem Liberalismus verhängnisvoller gewesen als der Wahn, daß die Freiheit sich durch die Einheit von selbst ergeben werde. Aus der Ueberspannung der Staatsidee ist das Jahr 1866 hervorgegangen. Man setzte den Staat über die Nation. Die Verstaatlichung der Nation war so zu sagen das Ziel und bis zu einem gewissen Punkte auch das Ergebniß des Jahres 1866. Und es mußte — wir wiederholen es — zu den weittragendsten Consequenzen führen, daß die Willkür der Staatsgewalt auf dem eigentlich politischen Gebiete einen so absoluten Sieg davongetragen hatte. Wie man sich hier über Recht und Geschichte hinweggesetzt, so konnte es nicht ausbleiben, daß die siegende Staatsgewalt auf dem kirchlichen und zuletzt auch auf dem gewerblichen und socialen Gebiet ihre Allgewalt, ihre Beglückungsabsichten zur Geltung brachte. Sie mußte sich naturgemäß auch hier über das natürlich Gewordene, über Geschichte und Recht hinwegsetzen. Erklärt man das „salus publica suprema lex esto" zur alleinigen Richtschnur für die Leitung des Staates, sagt man sich los von den wohlthätigen Schranken, die Geschichte, Sitte und Gesetz der Subjektivität des Einzelnen setzen; so wird man weiter gedrängt auf dem Weg der Gewaltsamkeit, so wird man weiter gedrängt von einem Experiment zum anderen. Deutschland werde immer geschichtsloser, hatte Bischof Ketteler 1866 geklagt, und damit fähiger zu jedem Experiment, das man an seinem Leichnam anstellen wolle. Es geht in Deutschland nicht anders als es in dem Frankreich der Valois und Bourbonen gegangen ist. Die französischen Könige hatten Frankreich zweimal mit gewaffneter Hand aus Zuständen herausgerissen, die doch jedenfalls weit schlimmer und chaotischer waren als die deutschen Zustände vor 1866: das eine Mal im Kampfe mit dem bis dahin siegreichen England, das andere Mal als Beendiger des Bürgerkriegs. Aber sie hatten nicht die Selbstverleugnung und die Weisheit, an die geschichtlich gewordenen Verhältnisse und das alte Recht anzuknüpfen. Es ist wohl nicht zu leugnen: manches Treffliche geschah damals in Frankreich, die Opposition verstand nichts Positives entgegenzustellen; die Monarchie Ludwig's XIV, in der schließlich diese ganze Entwickelung gipfelte, enthielt, wie Ranke mit Recht hervorhebt, noch viele Elemente des alten Frankreichs. Die Centralisation, der Militarismus und der Cultus des Königthums blieben aber die Ideeen, über welche diese Monarchie nicht hinauskam. Alle und jede Selbstthätigkeit wurde mehr und mehr unterdrückt. Es war doch schließlich nur eine neue Auflage der Tyrannis, die sich herausbildete. Die alten Elemente wurden nur scheinbar conservirt und verkümmerten nur allzurasch. Thatsächlich hatte man Frankeich — wir verweisen auf Tocqueville — der Bureaukratie zu Füßen gelegt. Das arme Land verfiel einer Vielregiererei, die für das vorige Jahrhundert schon groß genug war. Als das Gebäude vollendet, begann unglaublich rasch der Verfall. Und als die Revolution kam, waren die Elemente eines organischen, widerstandsfähigen Conservatismus nahezu absorbirt.

Das ist genau die Gefahr, die uns heute bedroht. Hier

liegt aber auch der Punkt, wo wir durch die Verflechtung der Dinge die Bundesgenossen aller derer geworden sind, welche sich mit Recht Freisinnige nennen dürfen. Wie Stahl 1859 voraussah, ist es nicht mehr die Revolution von unten, welche die eigentliche Gefahr für uns bildet. Die wirklich Conservativen und die wirklich Freisinnigen werden in gleichem Maße von der Staatsomnipotenz, von dem Staats-Sozialismus und -Absolutismus bedroht. Es ist unsere Ueberzeugung, daß wir dieser Constellation gegenüber die Verbündeten aller wirklich freiheitlichen Parteien sind und daß nur in dieser Allianz ein lebensfähiger Conservatismus sich erhalten kann. Auch in Frankreich machten die entgegengesetzten Elemente einst Front gegen das Regime Ludwig's XIV. Man verstehe uns recht. Wir können rebus sic stantibus nicht an eine Umstimmung a l l e r Liberalen denken. Eine centralistische, eine Annexionspartei wird sich wenigstens vor der Hand abzweigen. Andererseits wäre es möglich und beinahe das Normale, wenn sich auch aus dem „Liberalismus" ein neuer Conservatismus entwickelte. Derjenige Conservatismus, der sich dem herrschenden Regime hingiebt, wird dagegen, wie wir überzeugt sind, absorbirt werden, wie das mit den entsprechenden Elementen in Frankreich geschah.

Man hat uns wohl entgegnet, wir seien nur in der Negation, nur in der Verweigerung der Machtmittel gegenüber der Regierung einig mit den Liberalen. Für den Moment ist dieß aber doch schon etwas und das, worauf es zunächst ankommt. Coalitionen werden fast immer durch die gemeinsame Negation zusammengeführt. Und sollten die „Liberalen" es über kurz oder lang nicht erkennen, daß sie den Kampf gegen Bureaukratie und Absolutismus überhaupt, und vollends wie unser Volk nun einmal ist, nicht durchführen können, wenn ihnen nicht irgend eine conservative Partei zur Seite steht? Wir wissen wohl, daß wir Deutschhannoveraner allein ein zu kleines Häuflein sind, um irgend welches

Gewicht in die Wagschale zu werfen; aber es ist doch eine höchst merkwürdige Erscheinung, daß irgendwo in Deutschland eine Partei wie die unsrige existirt. Schon jetzt stehen wir auch nicht ganz allein. In unsern Nachbarländern Hessen und Mecklenburg gibt es der unsrigen verwandte Strömungen; und es kann mit der Zeit mehr daraus werden. Es ist uns zweifellos, daß auch in anderen Ländern Aehnliches sich herausbilden wird und muß. Sollte, was wir immerhin für möglich halten, das jetzige „conservative" Regiment sich dauernder am Ruder erhalten, so wird, wie uns däucht, eine Zeit kommen, wo man im „liberalen" Lager eine Allianz mit solchen Elementen ernstlich ins Auge fassen wird. Wir glauben, daß man über die Nebenpunkte dann wird hinwegkommen können und daß es sich dann schließlich zwischen den „Liberalen" und uns doch nur um die Rechtsfrage handeln wird. Hier freilich wird es schwer sein, zu einer Verständigung oder auch nur zu einem Abkommen zu gelangen. Möglich, daß sich eine Annexionspartei auf lange hin abzweigt! Aber sollte man es nicht schließlich wenigstens — die Zukunft der „Liberalen" hängt davon ab — in ihren leitenden Kreisen einsehen, daß ein Kampf für die Freiheit, ohne einen Stützpunkt im Rechte zu finden, unmöglich ist? Sollte man es nicht **über kurz oder lang** auch allgemeiner erkennen, daß der verstorbene Lasker das Richtige fühlte, als er von der Nothwendigkeit einer „Sühne" für die Annexionen sprach? und daß eine solche Sühne nicht möglich ist, wenn man nicht wenigstens hinsichtlich des bedeutendsten und lebensfähigsten der annectierten Länder dem Rechtsverlangen Genüge leistet?

Jedenfalls sollte man im „liberalen" Lager sich schon jetzt darüber nicht täuschen, daß unsere selbstständige Haltung gegenüber dem offiziellen „Conservatismus" nur dann und so lange Stand halten kann, als wir an unserem Rechtsstandpunkte festhalten. Wir besitzen auch diejenigen Waffen nicht, welche der

„Liberalismus" in seinen Prinzipien dem offiziellen „Conservatismus" gegenüber besitzt. Es enthält dieser offizielle „Conservatismus" auch nach unserer Ueberzeugung noch manches Gute, wie die Monarchie Ludwig's XIV noch vieles von den guten, alten, französischen Traditionen in sich schloß. Mancherlei Brücken führen von unserem Standpunkte zu dem Regierungs-Conservatismus hinüber und auch wir wissen sehr wohl, daß man im politischen Leben nicht alles auf einmal erstreben kann und daß es ohne Kompromisse nicht abgeht. Was uns abhält, auf Kompromisse mit der Regierungspartei einzugehen, das ist lediglich unser Rechtsstandpunkt. Wenn wir hierin erst einmal nachgeben, so haben wir eine schiefe Ebene betreten, auf der es kein Aufhalten mehr gibt. Wir können auch hier nur dasjenige wiederholen, was oben über diesen Punkt gegenüber den „Conservativen" gesagt wurde. Wenn wir erst einmal das Prinzip des über seine natürlichen Grenzen hinausgehenden Staatsgedankens acceptiren, wenn wir die Vertheidigung unserer Volksüberlieferung erst einmal auf dem wichtigen Gebiete des Rechts zu Gunsten einer modernen Macherei preisgegeben haben; so verfallen wir unausbleiblich den von uns bis dahin bekämpften Mächten. Und mit uns geht dem deutschen Volke der Keim für eine conservative Partei verloren, die sich des Gegensatzes zum Absolutismus bewußt ist und von diesem Gegensatze ihre Schritte lenken läßt.

Das tolerari posse, das doch unter Umständen sehr weit und bis zur direkten Unterstützung führen kann, wird sich, wie wir überzeugt sind, hinsichtlich unseres Rechtsstandpunkts auch den „Liberalen" aller Denominationen mehr und mehr aufdrängen. Es ist uns in der That so vorgekommen, als ob die „Liberalen" im Reichstage über unsern Standpunkt schon nicht mehr den Stab so absolut brächen, sondern neben anderen Standpunkten auch für ihn eine gewisse Achtung gewonnen hätten. Blickt man freilich in die „liberale" Presse, so findet man recht wenig davon. Ihre Haltung in der braunschweigischen Frage bewegte sich ganz in den alten

Bahnen und hat in unseren Augen Unglaubliches geleistet. Es gehört dem gegenüber schon viel Glauben dazu, wenn man für die „liberalen" Kreise in gewissem Sinne und bis zu einem gewissen Punkte einen Umschwung der öffentlichen Meinung für möglich hält.

Und dennoch verzweifeln wir daran nicht. Denn es kommt unserem Standpunkt noch ein wesentlich anderes Element, es kömmt ihm der föderative Gedanke zu Hülfe; und soweit der Schreiber dieses in Frage kommt, ist er gern bereit, die hannoversche Frage thatsächlich von diesem Standpunkte aus in Angriff zu nehmen. Es führt uns dies auf einen dritten Punkt hinüber.

3. Vom föderativen Standpunkte.

Kein Mensch ist, wie wir glauben, im Stande, auch heute noch einen einigermaßen stichhaltigen inneren Grund gegen die Wiederherstellung Hannovers geltend zu machen; wie denn Fürst Bismarck so wenig in dem „preußischen Antrag in Sachen der braunschweigischen Thronfolge" als in seiner Rede vom 11. Mai einen Grund dagegen anzuführen versucht hat. Die Unzulässigkeit erscheint immer als das selbstverständliche Axiom. Die selbstverständliche Unzulässigkeit ist recht eigentlich die Mauer, an der wir uns den Kopf einstoßen sollen. Und doch muß sich die Sache wissenschaftlich, wie man heut zu Tage sagt: — academisch erörtern und begründen lassen. Denn man wird doch nicht wollen, daß wir in einer solchen Sache ein sacrificio del intelletto bringen und unseren Verstand einfach unterwerfen sollen.

Als im Jahre 1871 der verstorbene Herr von der Decken-Preten eine, wie es heißt, auch in die officiellen Berliner Kreise gelangte und jedenfalls für diese berechnete Broschüre herausgab, in der er unter den durch die Gründung des Reichs so wesentlich veränderten Verhältnissen auf die Wiederherstellung

Hannovers drang; da konnte man in einer offiziösen Zeitung die Auseinandersetzung finden, daß die Wiederherstellung Hannovers die neue Schöpfung des Reiches, das Werk des Krieges von 1870 schwächen werde. Wir glauben nicht, daß diese Behauptung begründet war. Aber sie ließ sich in jenem Augenblicke, wo die neuen Verhältnisse noch keine Probe bestanden hatten, immerhin hören. Wie ganz anders liegen die Verhältnisse jetzt, nachdem 14 weitere Jahre in das Land gegangen sind! Nicht einmal der die Menschen bis in ihr Innerstes erregende Kulturkampf hat das Gefüge des Reichs zu lockern vermocht. Die Anfänge einer sich gegen Deutschland bildenden Koalition haben sich wie Nebelwolken aufgelöst. Deutschland befindet sich in den freundschaftlichsten Verhältnissen zu Frankreich und Rußland, und mit Oesterreich ist sogar eine Allianz zu Stande gekommen, deren Innigkeit die offiziösen Federn nicht müde werden, hüben und drüben zu rühmen. Auch die Probe eines großen europäischen Krieges ist vorüber gegangen. Wir wurden in denselben nicht hineingezogen und haben dennoch jene Schiedsrichterrolle davongetragen, die zu der österreichischen Freundschaft geführt hat. In den innern Verhältnissen hat dann Fürst Bismarck mit seltenem Geschick und mit einem unglaublichen Erfolg das stets so gewagte Kunststück einer vollständigen Frontveränderung durchgeführt. Es drohte auch in den innern Dingen eine Koalition gegen die Regierung; aber diese ist auch hier, wie man seit den letzten Wahlen nicht mehr leugnen kann, Herrin der Situation geblieben. Und nach allen diesen Erfolgen sollte eine Wiederherstellung Hannovers ernstliche Gefahren im Gefolge haben?

Man wird schwerlich einen denkenden Menschen davon überzeugen können. Der Leser sieht, daß der Schreiber dieses durchaus auch auf die politische Seite der Sache eingeht. Auch diejenigen, welche mit der Legitimität gebrochen zu haben behaupten, werden ihm zugestehn müssen, daß es durchaus etwas Anderes ist, gegen den zweifellosen Willen*) der Bevölkerung eine Regierung auf dem Executionswege zu restauriren oder gegen den Willen, wie wir überzeugt sind, der ganz überwiegenden Mehrheit, jedenfalls aber einer sehr großen Partei die Annexion eines Landes aufrecht zu erhalten.

Eine Restauration der anderen annectierten Länder würde insofern allerdings sehr großen Schwierigkeiten begegnen, als sich in ihnen mit Ausnahme von Kurhessen nirgends und dort nur eine bis jetzt äußerst kleine Partei findet, welche die Restauration erstrebt. Es ist sehr schwer, ja fast unmöglich, etwas wiederherzustellen, wenn nicht eine starke Lebensströmung dem Werke zu Hülfe kommt. Die Selbstständigkeit will wie jedes andere Gut erkämpft und erarbeitet sein. Ohne eine solche Arbeit muß die Restauration der Galvanisirung eines todten Körpers gleichen. Die neugegründeten Staaten würden ohne eine solche ein kümmerliches Dasein dahinschleppen und bei der ersten Gelegenheit wie ein Kartenhaus zusammenstürzen. Für die föderative Gestaltung Deutschlands würden sie jedenfalls ohne Bedeutung sein. Mit anderen Worten: es würden die Schwierigkeiten, die mit jeder Restauration verknüpft sind, eintreten, aber übermächtig werden, weil man in den restaurirten Staaten keine regierungsfähige Partei besäße. In Hannover liegt dies Alles anders. Man hat sich niemals die Mühe gegeben, das Bild einer Restauration Hannovers sich auszumalen und durchzudenken. Wir sind überzeugt, daß man keine allzugroßen Schwierigkeiten finden wird, wenn man sich einmal dieser Mühe unterzieht. Die einzige Schwierigkeit könnte in unseren politischen Gegnern liegen, und es ist uns namentlich in früheren Jahren oft vorgekommen, daß dieselben Gefahren für sich im Falle einer Restauration fürchteten. So liegen die Sachen aber doch nach 19 Jahren nicht mehr.

---

*) Wir unterscheiden den Willen natürlich von der Rechtsüberzeugung.

Wir sind überzeugt, daß man im Falle einer Restauration Niemand seine bisherige Haltung entgelten lassen und alles thun würde, um unsere Mitbürger mit Verhältnissen wieder zu versöhnen, denen sie im Moment einer allgemeinen Verwirrung den Rücken gewandt haben. Jedenfalls würden für die Gesammtverhältnisse des Reichs auch nach dieser Richtung hin keine ernstlichen Schwierigkeiten entstehen.

Nun hat man allerdings vom spezifisch-preußischen Standpunkt allerhand Gründe bei der Hand. Man hat uns gegenüber wohl geltend gemacht, daß Preußen noch eine Entschädigung für die in den Freiheitskriegen gebrachten Opfer beanspruchen könne, und daß es darum habe annectiren müssen. Wir wollen hierbei nun einmal darauf keine Rücksicht nehmen, daß die annectirten Gebiete mit ihren 5 Millionen nach dem, was Preußen 1815 bereits erhalten hatte, doch jedenfalls eine viel zu hohe Entschädigung bilden würden. Es mag sein, daß Preußen eine geringe Anzahl von Quadratmeilen und Seelen damals zu wenig erhielt.*) Es lag nach unserer Meinung aber schon darin eine Ungerechtigkeit, daß man den Umfang von 1802 bei der Ländervertheilung zwischen Oesterreich und Preußen zu Grunde legte. Die zweite Theilung Polens war mit Ausschluß und hinter dem Rücken Oesterreichs geschehen. Diese zweite Theilung Polens ist der Hauptgrund der Zerwürfnisse und der Unglücksfälle des ersten Coalitionskriegs gewesen; und die dritte Theilung hat die Uebervortheilung Oesterreichs nicht wieder gut gemacht. Eine besondere Belohnung kam aber Preußen trotz Allem nicht zu. Wenn es auch gewiß nicht zu leugnen ist, daß der eigentliche Anstoß 1813 von Preußen ausging, und daß sich der Kern des Wiederstands in

---

*) Daß Preußen materiell etwas ganz Anderes erhielt und weit mehr als es besessen hatte, wenn es rheinische, westfälische und sächsische Deutsche gegen — Polen eintauschte, soll hier nur nebenbei hervorgehoben werden.

jenen Jahren in Preußen verkörpert hat, so kann es dem unbefangenen Forscher doch gewiß auch nicht entgehen, daß Preußen an dem Unglück der neunziger Jahre die Schuld trägt. Der Verfasser ist heute mehr als früher geneigt, das damalige Benehmen Preußens zu e n t s ch u l d i g e n. Es waren erst wenige Dezennien seit dem siebenjährigen Kriege dahingegangen, und die innern Rückwirkungen desselben waren nicht so leicht zu beseitigen, als die Optimisten hüben und drüben wähnten. Der preußische Staatsgedanke enthielt im Keime schon damals das, was sich später aus demselben entwickelte, und vertrug d e ß h a l b nicht die Einfügung in den Rahmen des Reichs und die Unterordnung unter Oesterreich. Daß aber dieser S a ch v e r h a l t an dem Unglück der neunziger Jahre die S ch u l d t r ä g t, wird, wie wir überzeugt sind, mit jedem Jahre u n b e s t r e i t b a r e r werden, und es genügt dies doch gewiß, um die besonderen Ansprüche aufzuwiegen, welche die Preußen etwa aus der glänzenden Rolle ableiten möchten, welche sie 1813, 1814 und 1815 gespielt. Sie haben damals eben nur gut gemacht, was sie früher verschuldet.

Dem sei übrigens wie ihm wolle. Schon der Gedanke an sich ist verkehrt, daß Preußen eine besondere Belohnung für das in jenen Jahren Geleistete beanspruchen müsse. Für Preußen galt es zunächst doch die eigene Befreiung zu erkämpfen. Die Befreiung des specielleren Vaterlandes aber ist doch jedenfalls eine Pflicht, für die man keine besondere Belohnung in Anspruch nehmen kann, wenn man nicht alles verwirren will. Es ist überhaupt ein fixer Gedanke der Preußen, daß ihnen für jeden Krieg etwas gebühre. Der unglückliche Anspruch für die zu leistenden und später dann auch für die im Feldzuge von 1792 (!) geleisteten Opfer, hat zur zweiten Theilung Polens geführt und dadurch jene Verwirrung hervorgerufen, an der die preußisch-österreichische Allianz zu Grunde ging. Derselbe Gedanke hat, weil man nachträglich für die Opfer des siebenjährigen Krieges eine Entschädigung begehrte, auch zur ersten

Theilung Polens geführt und wird, wie wir fürchten, so leicht nicht aussterben, wenn man ihm fort und fort eine Befriedigung gewährt.

Von den Freiheitskriegen abgesehen, in denen übrigens auch andere Länder wie z. B. Hannover **große Opfer** gebracht haben und bei der Ländervertheilung nicht zu ihrem vollen Rechte gekommen sind, hat man bekanntlich auch direct aus den Opfern des kurzen und Preußen doch wenigstens nicht von den annectirten Ländern aufgezwungenen Krieges von 1866 einen Anspruch des preußischen Volkes auf eine Vergrößerung herleiten zu können geglaubt.

Die Vortheile, welche Preußen durch den Krieg von 1866 zu Theil geworden, sind aber doch wahrlich so große, daß es einer besonderen Entschädigung nicht hätte bedürfen sollen. Und wir haben auch nicht gehört, daß die Lasten des preußischen Volkes seit den Annexionen irgend wie geringere geworden seien. So lange nur der norddeutsche Bund bestand, konnte die Auffassung noch einen gewissen Sinn haben; denn es handelte sich damals nur um die Verwirklichung des großpreußischen Gedankens. Seitdem man aber das deutsche Reich gegründet hat, in dem der deutsche Gedanke an die Stelle des großpreußischen getreten ist, hat die Aufrechthaltung der Annexion ihre eigentliche Begründung verloren.

Man macht wohl noch geltend, die Wiederherausgabe eines annectirten Landes enthalte eine zu große Demüthigung für Preußen und werde Separationsgelüste auch in den schon seit 1815 Preußen unterworfenen Gebieten hervorrufen oder verstärken. Unserer festen Ueberzeugung nach würde dies nur für das Großherzogthum Posen in Betracht kommen. Die säcularisirten und mediatisirten Gebiete haben sich innerlich gefügt und sind, soweit eine Rechtsverletzung bei ihnen in Betracht kommen kann (wir nehmen eine solche bei der auf einem Reichsgesetz beruhenden Säkularisation nicht an), durch Verjährung preußisch geworden. Auch für Westpreußen möchten wir eine solche Verjährung annehmen und es hat doch nur in Posen der fortwährende Protest eine neue Rechtsbildung verhindert. Die polnische Frage gehört aber doch einmal zu den ungelösten Problemen und wird nicht aus der Welt geschafft werden, ob nun Hannover restaurirt wird oder nicht. Von Posen abgesehen liegt es jedenfalls auf der Hand, daß es sich nur um partikularistisch-preußische Interessen handeln kann. Diese können aber seit der Gründung des Reichs, wie wir noch einmal wiederholen, bei einer Frage von solcher Wichtigkeit gar nicht in Betracht kommen oder müssen doch vor denen des Reichs absolut zurücktreten. Und selbst wenn man ein indirektes Reichsinteresse in dem preußischen Interesse finden wollte, so fragen wir doch jeden Unbefangenen: wo liegt das größere Reichsinteresse? Liegt es darin, daß Preußen etwas verkleinert wird und niemals Unrecht gehabt haben soll, oder liegt es darin daß man unnatürlichen Zuständen in Hannovern ein Ende macht und die konservative und bündische Gesinnung zugleich mit dem Freiheitssinn eines namhaften Theiles von Deutschland vor dem Aussterben bewahrt?

Nur wenn man von der Ueberzeugung ausgeht, daß der Einheitsstaat für die Zukunft unvermeidlich und daß jeder außer Preußen bestehende Staat ein unliebsames Hinderniß auf dem Weg zu diesem Einheitsstaat sei, kann sich der nichtpreußische Deutsche und, wie wir meinen, auch der preußische über die Annexion Hannovers und über deren Aufrechterhaltung freuen. Von diesem Standpunkte aus erscheint freilich eine Restauration als ein beklagenswerther Rückschritt. Gerade deßhalb aber ist für den bündisch Gesinnten die Aufrechterhaltung der Annexion eines Landes von der Lebensfähigkeit Hannovers ein wie uns scheint für die Länge nicht zu ertragendes Uebel. Wenn man ein Land von der Bedeutung Hannovers annectirt, so muß das jeden=

falls weiter und schließlich mit Consequenz zur Vernichtung aller Einzelstaaten führen. Umgekehrt wird man aber ein selbstständiges Hannover schaffen müssen, wenn man eine ächte und auf die Dauer lebensfähige Föderation ins Leben rufen will. Das eigentlich norddeutsche Reichsgebiet umfaßt neben Preußen zur Zeit nicht einen bedeutenden Staat. Preußen beherrscht und erdrückt hier deßhalb mehr und mehr das gesammte Leben. Die dazwischen liegenden kleineren Staaten erscheinen fast sämmtlich wie Inseln in der großen Fluth. Das Mißverhältniß wird schreiend, wenn man den 1870 hinzugekommenen Süden zum Vergleiche heranzieht. Will man einen einigermaßen harmonischen Bau des Reiches herbeiführen, so muß man mindestens Hannover wiederherstellen.

Denn es kommen auch hier die eigenthümliche Stammesart, der eigenthümliche Volkscharakter, der sich in Hannover herausgebildet hat und die eigenthümlichen Traditionen hinzu, die mit demselben verknüpft sind. Will man eine ächte Föderation, so darf man mindestens keine selbstständige Volksart unterdrücken, so darf keiner von den vernehmbaren Tönen fehlen, die bis jetzt die Harmonie des deutschen Volksthums gebildet haben. Ja! wir wagen den Satz: Gerade auch darin liegt unsere Bedeutung, daß unsere Art und Weise in einem bewußten Gegensatze zu dem steht, was sich als Preußenthum seit 145 Jahren herausgebildet hat, und die Präponderanz dieses Preußenthums ist doch wieder so stark, daß es nie etwas von dem Hannoveranerthum würde zu befürchten haben. Giebt man uns frei, so sind wir und nur wir geeignet, einen Mittelpunkt für die Länder des alten niedersächsischen Kreißes, für das alte ursprüngliche Niederdeutschland, für die unvermischt gebliebenen Niederdeutschen zu bilden. Und welcher Deutsche, dem die Geschichte unserer Nation ans Herz gewachsen, sollte nicht ein Herz haben für eine solche Selbstständigkeit des alten Niedersachsens? Wohl wissen wir, daß die Nachbarn Hanno=

vers im Ganzen und Großen nicht die genügende Fühlung mit
uns haben: die Schuld liegt auf beiden Seiten und wir wollen
gern ein gerüttelt Maß davon auf uns nehmen. Aber es war
ehemals noch weit schlimmer. Gerade in den letzten Jahren ist
manches anders geworden und es kann gar nicht fehlen, daß
unsere Nachbarn sich der gemeinsamen Absorptionsgefahr gegen=
über mehr und mehr an uns anschließen. Die Zähigkeit des
hannoverschen Stammes ist stark genug, um bis dahin aus=
zuhalten.

Wir sind so sehr von der Lebensfähigkeit, ja von der Noth=
wendigkeit eines selbstständigen Hannovers überzeugt, daß unser
Glaube an dieselbe selbst dann noch Stand halten würde, wenn
Deutschland sich in einen völligen Einheitsstaat umgewandelt hätte.
Es wäre immerhin möglich, daß Deutschland durch den Einheits=
staat hindurch geführt werden solle. Es ist uns aber nicht zweifelhaft,
daß nach der Herstellung eines Einheitsstaates — spätestens dann
und gerade dann — ein gewaltiger Rückschlag im bündischen Sinne
eintreten würde. Selbst im alten Rom ist man zur Dezentralisation
zurückgekehrt, als das einheitliche Reich vollendet war und
keinen Reiz mehr darbot. Wir müßten keine Deutsche sein, wenn
sich unsere Natur im Alter dermaßen verwandeln sollte, daß wir
völlig im Centralismus auf und untergingen. Ein Rückschlag
wird um so sicherer eintreten, je mehr die altpreußisch=conser=
vativen Elemente trotz so vieler Umwälzungen das Heft in der
Hand behalten zu können wähnen. Wir kommen hier wieder auf das
schon oben Angedeutete. Die Centralisation hat noch niemals zur
Freiheit geführt. Wohl aber besteht eine innere Verwandtschaft
zwischen der Freiheit und dem bündischen Prinzip. Es ist im
Grunde dasselbe, ob die Centralgewalt ihre Macht in extensiver
oder intensiver Weise über ihre natürliche Sphäre hinaus steigert.
Die unnatürliche Konzentrirung der Machtmittel in einer Hand
muß zur Unterdrückung der Freiheit führen. Und die Wieder=

herstellung der Freiheit muß andererseits consequenter Weise zur Decentralisation führen, weil sie einen Spielraum schaffen muß für jede Art von Selbstregierung, für jede eigenthümliche Art der Lebensentfaltung und somit auch für die Autonomie selbstständiger Staatengebilde innerhalb Deutschlands. Föderalismus und Freiheit hängen auf das Engste zusammen. Der Verfasser wiederholt hier das, was er einst im Reichstage gesagt. Es gibt keinen Föderalismus ohne Freiheit und keine Freiheit ohne Föderalismus. Die Wahrheit dieser Sätze mag jetzt erst dunkel dämmern. Aber die Zeit wird kommen, wo ihre Wahrheit durchbricht und wo man erkennt, daß man vom föderalistischen Standpunkt die Freiheit und vom freiheitlichen den Föderalismus wollen muß. Man wird dann an die Herstellung eines ächten Föderalismus gehen und auch die Herstellung eines selbstständigen Hannovers wird dann in dem Programm der freiheitlichen Föderalisten und der föderalistischen Freiheitsmänner nicht fehlen. Wenn man uns nicht schon vor diesem Zeitpunkt gerecht werden will, so wird es unsere Aufgabe sein, uns für einen solchen Moment frisch und unsere Tradition lebendig zu erhalten.

II.
Mittel und Wege zur Restauration.

„Alles recht schön und gut", wird man uns antworten und hat man uns mehr als einmal geantwortet, „aber wie soll eine solche Restauration ins Werk gesetzt werden?" Die Frage ist völlig berechtigt und der Verfasser hat selbst einst Gelegenheit genommen, dies als diejenige Frage zu bezeichnen, auf die wir vor Allem eine Antwort bei der Hand halten müßten.

1. Die Hülfe des Auslandes.

Zunächst müssen wir freilich sagen, was wir bei unseren Hoffnungen ausscheiden und worauf wir nicht spekuliren. Bekanntlich hat man unserer Partei von den verschiedensten Seiten vorgeworfen, wir rechneten auf das Ausland und spekulirten auf das Unterliegen Deutschlands in einem großen europäischen Kriege. Die Veröffentlichungen des Herrn Regierungsraths Meding über die zwischen 1866 und 1870 von Seiten unseres Hofes und seiner Vertreter gepflogenen Unterhandlungen müssen diese Auffassungen unterstützen. Und der jüngste preußische Antrag in der braunschweigischen Sache beruft sich auf gleichzeitige Briefe unseres Königs, die sich in dem Archiv des auswärtigen Amts befinden sollen. Wir sind natürlich nicht in der Lage, die Aechtheit der betreffenden Originale zu prüfen und wie sie in ihren jetzigen Aufbewahrungsort gekommen sind. Die Meding'sche Arbeit beruht auf einem Vertrauensbruch; auch Männer der Gegenpartei haben wir mit

Entrüstung sich darüber äußern hören. Wer gegen Harry von Arnim Partei genommen, kann Medings Benehmen natürlich nicht gut heißen. Wir wollen aber einmal annehmen, das von Meding Mitgetheilte sei seinem Kerne nach wahr und die Briefe im auswärtigen Amt seien authentisch. Auch dann ist es klar, daß die Verhandlungen mit Frankreich zu keinem Abschluße gekommen sind. Im Gegentheil geht aus Meding unwiderleglich hervor, daß die betreffenden Pläne vor dem Kriege von 1870 bereits aufgegeben waren. Eine bestimmtere Form hatten sie offenbar niemals angenommen und, was sehr ins Gewicht fällt, jener Meding selbst, der jetzt eine so auffallende Rolle im preußischen Interesse spielt, ist es vor Allem gewesen, der den König auf diese Bahnen getrieben hat. Aus seinen eigenen Mittheilungen geht es deutlich hervor, daß die Sache sich so verhielt. Man vergleiche nur seine ersten Verhandlungen mit der Prinzessin Mathilde und das, was er über die Pläne schreibt, welche auf eine Heirath der Prinzessin Friederike von Hannover Bezug hatten. Ferner ergibt sich aus seinem Buche, daß er am hannoverschen Hofe schon früh in mehr als einer Beziehung entschiedenem Widerstand begegnete und gerade deßhalb schon früh an einer glücklichen Ausführung der betreffenden Pläne verzweifelte. Es war nur eine Fortsetzung dieser Gegenströmung, als dann vor dem Kriege von 1870 jene Auflösung der Legion erfolgte, für die Meding so viel Tadel hat. Auch die Briefe des Königs können in ihrer unbestimmten Fassung sehr wenig an diesem Resultate ändern. Daß der König den kurzen Krieg von 1866 noch nicht als entscheidend betrachtete, kann ihm nicht verargt werden; und ebenso wenig würde Jemand ihm einen Vorwurf daraus machen können, wenn er bei dem Wiederausbruch des österreichisch-preußischen Kriegs mit voller Energie sich auf die Seite Oesterreichs gestellt hätte. Auch die Betheiligung Frankreichs als Hülfsmacht an einem solchen Kriege würde an sich die Sachlage noch nicht wesentlich verändert haben. So lange

Oesterreich das Heft bei einem solchen Krieg in der Hand behielt, wäre derselbe nur eine Wiederholung des siebenjährigen gewesen; und Preußen hatte durch seine Allianz mit Italien vollends dafür gesorgt, daß man Oesterreich und denen, welche zu ihm hielten, keinen Vorwurf daraus machen konnte, so lange sie sich Frankreichs nur als einer Hilfsmacht bedienten, so lange Frankreich wirklich nur die Nebenrolle einer Hülfsmacht spielte. Der Krieg wäre unter solchen Umständen lediglich die Fortsetzung und das Gegenstück des „Bruderkrieges" von 1866 gewesen. Es lag nun allerdings die Besorgniß von vornherein nahe, daß Oesterreich die Leitung des Krieges aus der Hand verlieren und daß schließlich nicht Oesterreich sondern Frankreich den Frieden diktiren werde. Die höchste Vorsicht war hier von Nöthen. Wir sehen Oesterreich aber auch in der That mit einer Vorsicht zu Werke gehen, die eher zu groß war und diesem Erforderniß jedenfalls entsprach. Das, was man, wie der Verfasser glaubt, unserem Hofe allein zum Vorwurf machen kann, das ist deßhalb der Umstand, daß er nicht das deutsche Oesterreich zum Stützpunkt für seine Politik wählte, sondern Frankreich bei seinen Erwägungen und Schritten stets in den Vordergrund stellte, mit andern Worten daß er sich selbstständig mit Frankreich benehmen wollte. Dadurch ist er in eine schiefe Lage gekommen, dadurch erst hat er unsern Gegnern Waffen in die Hände gegeben, deren Bedeutung wir Hannoveraner jetzt mehr als je zu fühlen haben. Es wurde aber schon oben hervorgehoben, daß unser Hof zum Theil erst durch Hrn. Regierungsrath Meding selbst auf diese Bahnen gebracht worden ist. Natürlich sind nur die Rathgeber*) des Königs für die Politik des Hietzinger Hofes verantwortlich zu machen. Wie weit der König in seinem Innern engagirt war, wird zur Zeit gar nicht zu

---

*) Wie auch aus Meding hervorgeht, gehörte Herr Minister Windthorst in diesen Dingen nicht zu denselben.

erweisen sein. Selbst Briefe des Königs liefern kein vollgültiges Beweismittel, da sie diktirt oder eingegeben sein können. Wenn unser König, dessen Name jedem Hannoveraner stets theuer sein wird, in der schwierigen Lage, in welcher er sich befand, persönlich gefehlt hat, so war es sicher auch nicht der Mangel an deutscher Vaterlandsliebe, der ihn dazu führte, sondern jene Ueberschätzung des fürstlichen Berufs im Sinne der drei letzten Jahrhunderte, wie sie auch an vielen andern Höfen noch sehr lange nachgewirkt hat und die prinzipiell auch zu jenen selbstständigen Verhandlungen mit dem Ausland führen muß, die seit dem schmalkaldischen Kriege in Deutschland Mode wurden. Der Mangel an geeigneten Rathgebern trägt aber jedenfalls die Hauptschuld, wie wir denn gestehen müssen, daß die auswärtige hannoversche Politik der Jahre 1867, 68 und 69 unseres Erachtens kaum von irrigeren Voraussetzungen ausging als die der ersten Hälfte der 60er Jahre. Wir wenigstens verstehen in Betreff jener früheren Jahre nicht, daß ein so kluger Mann, wie Herr Regierungsrath Meding, eine Politik befördern konnte, welche von einer Mitwirkung Oesterreichs beinahe ganz absehen, mit Preußen auf gutem Fuße bleiben und dennoch eine großdeutsche Partei ins Leben rufen und Hannover noch obendrein zu deren Mittelpunkt machen wollte. Im Grunde sind es allerdings, trotz der Rolle, die Herr Regierungsrath Meding in so viel höherem Maße nach 1866 als vor 1866 spielte, dieselben Fehler, welche die Politik vor 1866 und nach 1866 kennzeichnen: die Ueberschätzung der Bedeutung Hannovers und eine Kühle, um nicht zu sagen Antipathie, gegen Oesterreich, von der wir nicht wissen, welchen Ursprung sie hat, die aber bei dem Preußen Meding gewiß natürlich ist. Diese beiden Fehler sind vor 1866 und nach 1866 das Unglück der hannoverschen Sache gewesen. Wir würden unserer Ueberzeugung nach — auch kundige Preußen erkennen dies gelegentlich indirekt an — noch existiren, wenn wir vor 1866 und in der Krisis dieses Jahres uns eben so klar und entschieden an Oesterreich angeschlossen hätten als Sachsen; und der Wahn, daß wir eine selbstständige Großmachtspolitik treiben könnten, ist ebenso nach 1866 unser Unglück gewesen als vor diesem Jahre. Wir fürchten, daß man uns diese offenen Aeußerungen im eigenen Lager verübeln wird. Aber wir glaubten, in einer so ernsten Stunde vollkommen offen sein zu sollen. Die Gegner schmieden aus diesen Dingen fort und fort die gefährlichsten Waffen gegen unsere Sache. Das Schweigen hilft dem gegenüber ebenso wenig, als etwa das partielle Negiren und das — Antworten durch Recriminationen.

Mit dem von uns Eingeräumten ist aber auch dasjenige erschöpft, was man eventuell einem Könige vorwerfen kann, der groß und königlich hat enden wollen und thatsächlich auch so geendigt hat. Zu Thaten ist es — wir wiederholen es — nicht gekommen. Wollte man von einem Crimen sprechen, so könnte im juristischen Sinne also doch höchstens nur von Vorbereitungen zu einem solchen die Rede sein. Wäre es aber auch zu Thaten gekommen, so würde man unserm in Gott ruhenden Könige noch durchaus nicht diejenigen Vorwürfe zu machen vermögen, die man französischerseits den mit den Gegnern Frankreichs verbündeten französischen Prinzen in den 90er Jahren gemacht hat. Nicht dem fertigen Körper eines geeinigten Deutschlands würde unser König gegenüber gestanden haben, sondern, da das deutsche Reich noch nicht gegründet war, nur einem Bruchtheile Deutschlands; konnte es doch auch Niemand in den Jahren 1867 bis 69 wissen, daß sich der Süden am Kriege gegen Frankreich mit betheiligen würde. Man befand sich eben in einer Uebergangszeit. Wer wollte sagen, ob der neu gebildete norddeutsche Bund sich bewähren würde? Es war doch immerhin noch möglich, daß die der kleindeutschen Richtung entgegenstehende großdeutsche Auffassung den Sieg behalten werde. Und in den Aeußerungen des Königs aus jener Zeit ist das deutsche Interesse und der deutsche Gedanke auch in der That immer neben dem hannoverschen betont.

Wir billigen, wie wir noch einmal wiederholen, die Politik des Hietzinger Hofes jener Jahre nicht. Wer aber will einen Stein auf den königlichen Dulder werfen? Wer wagt es zu behaupten, daß der König durch seine Haltung sein gutes Recht verwirkt habe, wenn selbst die heutigen Franzosen sich den Bourbonen gegenüber zu einer solchen Behauptung nicht versteigen? Die Annexion kann durch dieselbe am allerwenigsten gerechtfertigt werden; denn die Annexion ging der Hietzinger Politik vorher und diese war umgekehrt erst die Folge der Annexion.

Angenommen aber selbst, der verstorbene König Georg V. hätte durch seine Handlungsweise sich der persönlichen Fähigkeit, in Hannover zu regieren, ex post beraubt, so würde doch jedenfalls sein Sohn, der jetzige Herzog von Cumberland und zu Braunschweig und Lüneburg, dadurch noch nicht seines Rechts verlustig gegangen sein. Derselbe hat allerdings 1866*) mit protestirt und nach dem Tode seines Vaters sein Recht auf Hannover vor aller Welt persönlich geltend gemacht. Aber er hat in demselben Augenblicke, wo er sein Recht auf Hannover geltend machte, ausdrücklich erklärt, daß er die Wiedereinsetzung in sein Recht nur von einer freien That der deutschen Fürsten und Völker erwarte.

Es sind dies keine leeren Worte im Munde unseres so loyal denkenden und, wie wir hinzusetzen dürfen, so deutsch fühlenden Herzogs. Er wird sich sicher Zeitlebens gerade so gut an diese Worte gebunden halten, als er sich an den Protest von 1866 gebunden hält. Von einem „ideellen Kriegszustande" der hannoverschen Dynastie kann, was den Herzog Ernst August betrifft, seitdem wahrlich nicht mehr reden. Aber es steht freilich auch fest, daß der Herzog von Cumberland stets ein Gegner der von der Hietzinger Kriegspartei geschmiedeten Pläne gewesen ist; wie denn gerade daher das besondere Uebelwollen zu stammen scheint, dessen er sich bei Herrn Regierungsrath Meding erfreut.

---

*) Siehe unten.

„Aber wie stand es mit dem hannoverschen Volk?" wird man fragen. „Inwieweit hat das hannoversche Volk und hat die deutsch-hannoverische Partei die halb zur Reife gekommenen Pläne des Hietzinger Hofes gebilligt?" Es ist ein eigenes Ding um die Entwerfung eines Stimmungsbildes. Riehl hat einmal gesagt, es gehöre zu den Eigenthümlichkeiten der öffentlichen Meinung, daß sie immer bestritten werde; und es handelt sich dabei in der That um etwas so Feines und Ungreifbares, daß in den meisten Fällen das, was man darüber sagt, bestritten werden kann. Wir sind deßhalb überzeugt, daß man uns von den verschiedensten Seiten in dem, was wir in dieser Beziehung sagen möchten, widersprechen werde. Auch handelt es sich gewiß dabei um einen heiklen Gegenstand. Dennoch halten wir es in diesem Augenblicke für unsere Pflicht, auch über diesen Punkt unsere Meinung zu sagen.

Es ist ja weltkundig, daß es eine hannoversche Legion in den Jahren zwischen 1866 und 1869 gegeben hat und daß man kriegerische Pläne an dieselbe knüpfte. Da man den hierauf bezüglichen Behauptungen Meding's, so viel wir wissen, niemals einen Widerspruch entgegengesetzt hat, so ist es auch völlig gleichgültig, ob man dieselbe als Legion oder nur als Emigration bezeichnet. Wir wollen, da dies Wort dafür einmal gebräuchlich geworden ist, bei dem Namen „Legion" bleiben.

Klar ist es nun ferner, daß sich eine solche Legion gar nicht bilden konnte, wenn die kriegerischen Absichten nicht einen gewissen Widerhall im Lande fanden. Ja es geht aus Meding's Mittheilungen hervor, daß der Gedanke einer Legion nicht vom Hietzinger Hofe, sondern aus dem Lande kam, daß dieser hierin nur gezwungen nachgab, daß ihm diese Sache so zu sagen über den Kopf hinweggenommen wurde. Wir haben damals nicht im Lande Hannover gelebt und können deßhalb nicht im Einzelnen urtheilen. Aber unsere Auffassung stimmt mit dem, was Meding sagt, in diesem Punkte durchaus überein. Der Gedanke an eine Legion kam aus unsern Bauernkreisen, kam aus unserem eigentlichen Volke. Die Erinnerung an die glorreiche deutsche Legion aus der französischen Zeit ist dort noch heute eine sehr lebendige. Es lag nur allzu nahe, zu denken, daß diesmal die Dinge ebenso lägen als im Anfange des Jahrhunderts. Den Impuls gab die Aushebung zum preußischen Militärdienst; ganz wie dies das Signal zum Aufstand in der Vendée gegeben hat. Namentlich diejenigen, welche das Jahr vorher bei Langensalza gegen die Preußen gefochten hatten, konnten sich nicht in den Gedanken finden, jetzt in den Reihen der Preußen zu dienen. Es waren natürlich nicht die schlechtesten Elemente, welche sich durch die Flucht in das Ausland dem preußischen Militärdienste zu entziehen suchten. An die Fäden der auswärtigen Politik dachten diese Refractairs, soweit sie sich selbst überlassen blieben, wahrlich nicht. Am wenigsten war irgend welche Sympathie für Frankreich im Spiel. Daß wir mit dieser Darstellung Recht haben, beweist schon allein der Umstand, daß die meisten dieser Flüchtlinge sich Anfangs gerade nach England begeben hatten, wohin die alten stolzen Legions-Erinnerungen wiesen: nach Frankreich ist ursprünglich wohl kaum Jemand gegangen.

Nun ist es ja ferner klar und geht auch aus Meding hervor, daß der Hietzinger Hof, als er auf jene Legionspläne einging, auch mit gebildeten Leuten in Hannover in Verbindung stand und derselben bedurfte. Auch unter den Gebildeten fühlte Jedermann, daß wir uns in einem Provisorium befanden und daß erst ein großer europäischer Krieg über das 1866 Geschaffene entscheiden werde. Die Hoffnungen wandten sich allmählich in etwas weiteren Kreisen dem, was man in Hietzing plante, zu.

Dies Alles ist nicht zu leugnen; und wer will sich wundern, wenn Hannoveraner sich dorthin stellten, wo ihr König stand oder zu stehen schien? Es ist trotzdem unsere volle Ueberzeugung, — und der Schreiber dieses hat die Zeit des Krieges von 1870 und

1871 großentheils in Hannover zugebracht — daß ein im Nachsommer 1870 an der Elbe- oder Wesermündung landendes französisches Corps keine nennenswerthe Unterstützung in Hannover gefunden haben würde. Gerade die Bauern, aus deren Kreisen doch die Legionsidee gekommen war, haben die Erinnerungen an die Franzosenzeit nach keiner Richtung hin vergessen. Es war 1870 weit und breit die Angst verbreitet, daß die Franzosen siegen und dann auch in unser Land kommen könnten — gerade auch die Gegner der Preußen lebten in diesen Befürchtungen und machten sie diesen zum Vorwurf. Eine mit den Franzosen an der Nordseeküste landende Legion würde nur einen geringen Zulauf aus dem Volk gehabt haben.

„Und die Gebildeten?" — wird man fragen. Es möge dem Verfasser vergönnt sein, darauf mit den Worten einer von ihm im Jahre 1872 herausgegebenen größeren Schrift*) zu antworten: „Was in dem Innern des Einzelnen während des Krieges vorging, darnach hat Keiner ein Recht zu fragen. Möglich, daß sich mancher ehrliche Deutsche durch die Folgen des Jahres 1866 hors de combat befand. Möglich, daß in Manchem ein schwerer innerer Kampf tobte. Es war fast unmöglich für den ehrlichen Gegner Preußens, die rechte Herzensstellung zu den Dingen zu gewinnen. An Fluctuationen wird es nicht gefehlt haben. Möchten sich aber unsere Gegner vor dem Pharisäismus uns gegenüber hüten! Es ist sehr leicht, patriotisch zu sein, wenn man dabei gewinnt."

Seit der Gründung des deutschen Reichs ist natürlich eine völlig veränderte Situation geschaffen. Es muß entscheidend sein, daß der weitaus größte Theil der Deutschen von dem neuen Reiche umfaßt wird. Es steht aber auch fest, daß seitdem die kriegerischen Pläne des Hietzinger Hofes niemals wieder aufgenommen

---

*) Von 1806 bis 1866. Zur Vorgeschichte des neuen deutschen Reichs. Von Heinrich Freiherr Langwerth von Simmern. S. 245.

worden sind. Und es ist dann die geschichtliche That des Herzogs von Cumberland gewesen, daß er vor aller Welt mit denselben brach.

Daß in der Bevölkerung Hannovers die Stimmungen aus der Zeit vor 1870 nicht sogleich völlig verschwinden konnten, wird Niemanden, der sich überhaupt einmal mit Geschichte befaßt hat, und Niemanden, der die zähe Sinnesart der Niedersachsen kennt, Wunder nehmen; und die Preußen gossen fort und fort Oel bei uns ins Feuer und gießen Oel ins Feuer bis auf den heutigen Tag. An Aufwallungen, an Rückfällen in die Stimmungen und Pläne der Jahre vor der Gründung des deutschen Reichs hat es deßhalb wohl nur bei Wenigen ganz gefehlt. Dennoch aber hatte sich schon vor der moralischen That des Herzogs Ernst August die Ueberzeugung — selbst ohne daß die Leute es merkten — Bahn gebrochen, daß nur auf friedlichem Wege, daß nur auf dem Boden des thatsächlichen Rechtszustandes eine Wiederherstellung Hannovers möglich ist. Die Haltung des Herzogs gab dann „die Veranlassung, bestimmt und klar zum Ausdruck zu bringen", daß unsere Partei so denkt.

Der Verfasser darf sagen, daß er auch persönlich nicht müde geworden ist, dies öffentlich auszusprechen. Er hat aber auch schon seit einer Reihe von Jahren gar kein Hehl daraus gemacht, daß er die Macht des neuen deutschen Reichs für so fest begründet und die politischen Verhältnisse Europas nun einmal für solche hält, daß auch an den Sieg einer Koalition über das deutsche Reich nach menschlichem Ermessen nicht mehr zu denken ist. Man hat sonderbarer Weise dem Verfasser gegenüber gemeint, daß uns dann nur die Revolution als Mittel zur Restauration übrig bleibe. Wir brauchen darüber kaum ein Wort zu verlieren. Eine Revolution ist nach menschlichem Ermessen in Deutschland noch auf lange hin völlig ausgeschlossen. Träte sie aber ein, so würde sie zu allem andern eher führen, als zur Wiederherstellung des Königreichs Hannover, und ob uns dann später die auf die Revolution folgende Reaction zur Wiederherstellung führen würde, erscheint doch mindestens sehr problematisch. Wir glauben auch, daß man die Verwirklichung seiner Hoffnungen überhaupt niemals auf so ferne Eventualitäten setzen darf. Setzten wir sie aber darauf, so würden wir doch sagen: nur wer seine Arbeit auf die zur Zeit gangbaren Wege einrichtet, ist, wenn ein ungewöhnlicher Weg sich eröffnet, bei der Hand.

2. Der thatsächliche Protest.

Kein Zweifel! Es bleiben für den denkenden Politiker nur geistige Waffen für unsern Kampf übrig. „Aber welches sind diese Waffen?" wird man wiederum fragen. Wir begreifen es wenigstens, daß diejenigen, welche keinen Weg zur Wiederherstellung Hannovers offen sehen, mit dem Vorwurfe bei der Hand sind, wir jagten etwas absolut Unmöglichem nach und deshalb sei unsere Handlungsweise eine frivole und vor Gott unerlaubt.

Wir könnten uns nun begnügen darauf zu antworten, es sei der erste Grundsatz für den Politiker, daß man niemals „niemals" sage, und es läßt sich in der That nicht einsehen, warum dieser Satz auf eine legitimistische Partei absolut keine Anwendung finden solle. Die Jakobiner Robespierres werden mit solchen Argumentationen gewiß auch bei der Hand gewesen sein, und es konnte damals wahrlich scheinen, daß sie Recht behalten würden. Aber sind die Bourbonen nicht dennoch wiedergekommen und gehört die abermalige Neubegründung ihrer Herrschaft nicht noch heute wenigstens zu den Möglichkeiten, mit denen ein Staatsmann rechnen darf? Die völlige Entwurzelung einer altgeschichtlichen Dynastie ist nicht so leicht zu bewerkstelligen. Auch der gewaltigste Staatsmann hat hier mit Mächten des Gemüths zu kämpfen, denen gegenüber die äußeren Machtmittel bis zu einem gewissen Punkte wirkungslos sind. Selbst wenn der Sieg vollkommen zu sein scheint und die Ruhe des Kirchhofs überall herrscht, flammt der scheinbar überwundene Royalismus plötzlich in ungeahnter Weise empor. Wohl hat die germanische Entwickelung auch zu Republiken geführt. Gewiß hat auch die eigentlich deutsche Geschichte Republiken aufzuweisen; und die republikanischen Schweizer und selbst die Holländer sind Deutsche. Dennoch aber sagt A. F. C. Vilmar, wie die Dinge sich thatsächlich einmal gestaltet haben, gewiß nicht mit Unrecht, man breche unserm Volke sein eigenstes Ich, man breche ihm das Herz aus, wenn man ihm jenes Stammeskönigthum nehme, um das sich seit der Völkerwanderung die deutsche Geschichte krystallisirt habe. Und dagegen sollte die gesunde Volksnatur nicht reagiren dürfen? Nun werden unsere Gegner allerdings mit dem Einwande bei der Hand sein, man wolle dem hannoverschen Volke das Königthum ja nicht nehmen, sondern nur durch das einer anderen Dynastie ersetzen. Aber glaubt man im Ernst, daß das preußische Königthum in Hannover noch etwas zu thun habe mit dem alten Stammeskönigthum der Völkerwanderung? Das deutsche Königthum beruht auf dem Familienrecht, auf dem Stammesrecht, auf der durch das ungeschriebene Recht geheiligten Herrschergewalt einer bestimmten Familie. Deutschen gegenüber ist das nackte Eroberungsrecht ohne Friedensschluß wohl niemals oder doch nur in äußerst seltenen Fällen in der Völkerwanderung zur Anwendung gekommen. Seit der Gründung des heiligen römischen Reichs deutscher Nation erhielt dann das Stammeskönigthum als Stammesherzogthum und später als Fürstenthum überhaupt durch die Bestätigung und Verleihung des Kaisers eine neue Grundlage. Sein Charakter wurde um ein Weniges modifizirt. Ganz entscheidend aber war es, daß ein allgemeiner Rechtszustand für die unter dem Kaiser vereinigten deutschen Stämme geschaffen wurde. Erst dadurch, daß fortan das Recht innerhalb Deutschlands galt und die Gewalt ausgeschlossen blieb, wurden wir eine Nation. Gewiß ist mannigfaches Unrecht trotzdem auch in Deutschland geschehen. Aber das Rechtsprinzip als solches wurde bei uns allezeit festgehalten. Man suchte stets nach einem Titulus und erst im Wege der Verdunkelung b. h. der Verjährung entstand ein neues Recht aus dem Rechtsbruche. So lange das heilige römische Reich deutscher Nation existirte, ist man trotz mancher entgegengesetzter Anwandlungen innerhalb der letzten Jahrhunderte prinzipiell auf diesem Boden stehen geblieben. Erst die Rheinbundsfürsten sagten sich bei den von ihnen vorgenommenen Mediatisirungen von demselben los. Aber 1815, d. h. in dem Augenblick, wo wir uns wieder als Nation konstituirten, kehrten wir zu dem alten Rechtsprinzip zurück. Es ist bis 1866 das geltende Prinzip bei uns gewesen und auch die kleinsten Fürstenthümer erschienen auf dieser Grundlage als die Fortsetzung des germanischen Stammeskönigthums. Erst das Jahr 1866 bezeichnet im größeren Maßstabe einen Bruch mit den deutschen Traditionen. Man hat einen Unterschied zwischen den Vorgängen in Deutschland und in Italien finden zu können geglaubt. Das Prinzip ist aber das gleiche. Man stellt das thatsächliche Innehaben an die Stelle des Rechts. Die Annexion auf der Grundlage einer Willens-Aeußerung der Bevölkerung erscheint offenbar noch als das Höhere. Wir legen kein allzu großes Gewicht auf ein unter solchen Umständen vorgenommenes suffrage universel. Wichtiger aber ist es, daß in Italien das rechtlose Prinzip der antiken römischen Kaiserzeit niemals ganz überwunden wurde, und daß Italien namentlich seit dem Sturze der hohenstaufischen Kaiserherrschaft deshalb Verhältnisse darbot, die innerhalb des christlich-europäischen Rechtsgebiets als völlig einzig in ihrer Art bezeichnet werden müssen. Wenn aber in Deutschland die thatsächliche Macht, der faktische Besitz sich an die Stelle des Stammeskönigthums setzt, so — bricht das unserm Volke das Herz aus. Wir dürfen stolz sein, daß gerade in Hannover eine Reaktion des Volkes hiergegen stattfindet; und es ist, wie wir wiederholen, unsere Pflicht, diese Reaktion nicht untergehen zu lassen.

Man fühlt es auch offenbar auf allen Seiten, daß das Recht in Deutschland noch nicht in dem blosen Detentions-Besitze aufgeht. Es wäre sonst nicht zu verstehen, wie man in eine solche Erregung gerathen kann, so oft wir mit dem Ziele unserer Partei hervortreten. Das Streben, sich noch andere Rechtstitel als den blosen Besitz zu verschaffen, liegt selbst auf Seiten der preußischen Regierung offen zu Tage. Von den verschiedensten Seiten sucht man nach Rechtsgründen für die Annexion und deren Aufrechterhaltung. Es giebt eine weitverbreitete Legende, daß König Wilhelm noch nach Langensalza dem Könige Georg den Frieden angeboten habe. Fest steht es aber im Gegentheil, daß König Georg am 27. Juli 1866, also einen Monat nach der Schlacht von Langensalza, einen Brief an den König Wilhelm richtete, in dem er in herzlichen Worten um den Frieden, um die Mittheilung der Friedesbedingungen und die Eröffnung von Friedensverhandlungen bat, und daß letzterer die Annahme dieses Briefes verweigert hat*).

Man beruft sich dann darauf, daß Oesterreich im Prager Frieden diejenigen territorialen Aenderungen anerkennen zu wollen erklärt habe, welche Preußen vornehmen werde. Es liegt jedoch auf der Hand, daß durch eine Abmachung zwischen Oesterreich und Preußen in Hannover kein Recht geschaffen werden kann. Man behauptet ferner, Preußen habe mit dem König von Hannover keinen Frieden zu schließen vermocht, weil dieser depossedirt gewesen sei. Es sei hierdurch eine Zwangslage herbeigeführt worden, welche dem König von Sachsen gegenüber 1815 nicht vorhanden gewesen sei. Aber auch Sachsen war von den Verbündeten erobert worden und man hatte dessen König 1813 thatsächlich depossedirt und eine Verwaltung im Namen der siegenden Mächte

---

*) Vergl. die Broschüre: Aktenstücke zur Frage der Erbfolge im Herzogthum Braunschweig. Aus derselben geht ferner hervor, daß gleichzeitig Graf Platen ein Schreiben im gleichen Sinne an den Grafen Bismarck nach Nikolsburg richtete, und daß **Graf Bismarck dieß Schreiben las**.

eingeführt. Wenn die vollständige Depossedirung ein Hinderniß für den Friedensschluß sein soll, so hätte man ja auch unsern König, gerade wie seiner Zeit den König Friedrich August von Sachsen wenigstens in den Besitz von einem Theile seines Landes setzen und dann mit ihm abschließen können. Und war denn nicht 1866 die factische Lage des Königs Johann von Sachsen nach den preußischen Siegen genau dieselbe wie die unseres Königs? Uebrigens müssen wir es bestreiten, daß das thatsächliche Innehaben der Regierungsgewalt irgendwie eine Vorbedingung zum Friedensschlusse sei. Unsere deutsche Geschichte wimmelt von Beispielen, wo vollständig depossedirte Fürsten im Kerker einen Frieden geschlossen haben. Die Gegenzeichnung durch einen verantwortlichen Minister bleibt bei Verfassungsstaaten erforderlich. Der thatsächliche Besitz mag für den formellen Friedensschluß manche Vortheile bieten. Will man aber den thatsächlichen Besitz zur Vorbedingung von rechtsgültigen Regierungshandlungen machen, so geräth man schon auf den von uns bekämpften Boden der faits accomplis.

Wir dürfen constatiren, daß der preußische Antrag in Sachen der braunschweigischen Thronfolge implicite ebenfalls von dem Gedanken ausging, daß die Fortdauer eines Kriegszustandes zwischen Preußen und einem Depossedirten möglich sei. Denn der „ideelle Kriegszustand", in dem der Herzog von Cumberland begriffen sei, bildet ein Fundament dieses Antrags. Die dem preußischen Antrage beipflichtenden Organe urtheilten zum Theil ebenso und drückten sich sogar noch entschiedener aus. Wo aber ein Kriegszustand möglich ist, da muß auch ein Friedenschluß möglich sein.

Weit eher läßt sich ein anderer Einwand hören. Ganz Europa, sagt man, habe thatsächlich die Annexion von 1866 anerkannt. Wir leugnen nicht, daß die blasirte Art, mit der man außerhalb und innerhalb Deutschlands das Geschehene meist hingenommen hat, das Schmerzlichste ist, was uns nach der Annexion widerfuhr. Wir sehen hierin recht eigentlich den Beweis für die

Altersschwäche der Zeit. Auch dadurch kann aber in Hannover noch kein Recht entstehen. Das Recht beruht auf der Communis opinio omnium. Auch wir nehmen, wie gesagt, an, daß aus dem Rechts=
bruch und dem daraus hervorgehenden Unrechtsrecht ein neues Recht so zu sagen auf dem Wege einer Immemorialverjährung entstehen kann. Dann muß sich aber eben eine neue Communis opinio omnium gebildet haben. Man kann darüber streiten, wann dieser Moment eintritt; sicher aber ist es, daß er nicht eingetreten ist, so lange der depossedirte Landesherr und ein namhafter Theil des annektirten Volkes den neu geschaffenen Zustand nicht für Recht halten. Deßhalb kommt Alles darauf an, daß man diese Ueberzeugung wach erhält; und hierin liegt die Bedeutung dessen, was wir den thatsächlichen Protest nennen möchten. Der Verfasser ist ein Feind von leeren Demonstrationen. Es hat aber seine hohe sittliche und darum auch seine rechtliche Bedeutung, wenn der Fürst und namhafte Theile des Volks fortwährend zu erkennen geben, daß sie den geschaffenen neuen Zustand nicht für einen Rechtszustand halten. Man wird wohlthun, die mildesten Formen hierfür zu wählen; der Verfasser ist auch dafür immer einge=
treten. Es ist aber von der höchsten Bedeutung, daß unserer Rechtsauffassung Ausdruck gegeben wird; denn dadurch wird die Neubildung des Rechtes in ähnlicher Weise aufgehalten, wie die Geltendmachung der Ansprüche und unter Umständen der Protest vor der Verjährung schützen.

5. Die Umstimmung der öffentlichen Meinung.

Freilich kann dieser thatsächliche Protest allein noch nicht ge=
nügen. Wenn man noch so viel protestirt, so kann an sich doch Alles beim Alten bleiben. Es muß noch ein Zweites hinzukommen. Der Verfasser hat es wohl gelegentlich die Propaganda genannt. Im Reichstage hat er dann später „von der Umstimmung der

öffentlichen Meinung" gesprochen, und wir wollen an diesem Ausdrucke hier festhalten.

Nun ist es freilich, wie es scheint, ein Axiom bei allen unseren Gegnern, daß eine solche Umstimmung gar nicht möglich sei. Man hat sich so sehr in den Ideengang des Jahres 1866 verrannt, daß man den Gedanken, man könne selbst anderen Sinnes in dieser Sache werden, gar nicht zu fassen vermag. Eine spätere Zeit wird es nicht begreifen, wie man sich in dieser Frage auf gegnerischer Seite fortwährend im Zirkel dreht. „Eine friedliche Restauration ist nicht möglich, weil eine Umstimmung der öffentlichen Meinung nicht möglich. Diese Umstimmung aber ist nicht möglich, weil die Restauration unmöglich ist." Das ist ungefähr das, worauf die Argumentation der Gegner hinauskommt. Und dennoch oder gerade deßhalb bildet dieses non possumus recht eigentlich die Wand, an der wir uns den Kopf zerstoßen sollen. Gerade die liberalen Parteien sind s. Z. nicht müde geworden, den Regierungen den Satz zu predigen, daß man niemals „niemals" sagen solle. Gerade sie möchten wir deßhalb bitten, sich zu überlegen, ob die Wahrheit dieses Satzes sich nicht möglicherweise auch einmal an der hannoverschen Frage erweisen könnte.

Ja! wenn wir in sich abgeschlossenen, fertigen Verhältnissen gegenüber ständen; so möchte die Sache vielleicht anders liegen. Gerade dieß ist aber offenbar nicht der Fall. Die kleinsten Duodezstaaten, denen man so oft die Lebensberechtigung abgesprochen hat, sind mit all ihrem Regierungsapparat am Leben geblieben, und in dem hannoverschen Lande ist einer der lebensfähigsten Staaten, ist eine der vier Säulen hinweggenommen worden, die da recht eigentlich hätten berufen sein sollen, das neue Reich und dessen bündischen Charakter zu stützen.

Die Reichsverfassung sieht recht schön auf dem Papiere aus. Nach ihrem Wortlaute sollte das eigentliche Regiment bei dem Bundesrathe und der Kaiser nur primus inter pares sein. Es hat dies aber von vornherein den thatsächlichen Verhältnissen nicht entsprochen. Ein Reichsministerium würde unseres Erachtens der wirklichen Sachlage entsprochen haben. Die deutschen Regierungen wünschten einen weiteren Ausbau der Bundesverfassung in diesem Sinne nicht, weil sie darin einen Schritt zum Einheitsstaate sahen. Das, was aber thatsächlich eingetreten, ist weit schlimmer als ein solcher Ausbau der deutschen Reichsverfassung. Auf so zu sagen diplomatischem Wege werden die wichtigsten Angelegenheiten erledigt. Preußische Minister werden zur Vertretung dem Reichstage gegenüber designirt. An Stelle eines Reichsministeriums haben wir die Macht eines Einzigen und unter ihm verschiedene Ressorts, die nach seinem Gutdünken und ohne direkte Mitwirkung der übrigen Bundesstaaten geleitet und mit Chefs versehen werden. Ein Oberhaus neben dem Bundesrathe wollte man wenigstens preußischer Seits nicht. Der Bundesrath sollte — da doch auch wieder die Leitung und Regierung des Ganzen bei ihm steht, so war die Argumentation freilich unklar — gleichsam selbst an die Stelle eines Oberhauses treten. Es ist, wie man uns in glaubhaftester Weise versichert hat, ehedem die Absicht gewesen, daß die Mitglieder des Bundesraths in freier Meinungsäußerung dem Reichstage gegenüber ihre Ansichten vertreten sollten. Thatsächlich hat die Sache sich aber dahin gestaltet, daß die Meinung die Oberhand behielt, ein Zwiespalt des Bundesraths dürfe nicht vor die Oeffentlichkeit treten. Die Folge ist gewesen, daß die Mitglieder des Bundesraths zu einer — wir müssen es aussprechen — bedauernswerthen Rolle verurtheilt wurden. Kein Wunder, daß der parlamentarische Sprachgebrauch fast ausschließlich von dem Herrn Reichskanzler oder von der Regierung redet und nur selten, wie es Fürst Bismarck neuerdings verlangt, auf die verbündeten Regierungen Rücksicht nimmt.

Wie ein Oberhaus, so erscheint uns ein höchster Gerichtshof für die Streitigkeiten der Einzelstaaten unerläßlich. Aber gerade diesem Gedanken hat man sich preußischer Seits stets noch viel mehr widersetzt. Man hielt die Unterordnung unter einen solchen Gerichtshof stets für unannehmbar und sieht so zu sagen eine Mediatisirung Preußens darin.

Die Reservatrechte der süddeutschen Staaten beziehen sich auf eine weitere Reihe von unfertigen Zuständen. Das Militärwesen des Reiches enthält die größten Verschiedenheiten und bietet unfertige Verhältnisse und selbst Unklarheiten in Hülle und Fülle dar.

Wer möchte allen diesen Erscheinungen gegenüber behaupten, daß unsere Verhältnisse auch nur irgendwie abgeschlossen seien? Dazu kommen unsere wirren und sich immer mehr verwirrenden Parteiverhältnisse. Die unnatürliche Allianz zwischen den deutschen Liberalen und den preußischen Konservativen hat 1866 die jetzigen Verhältnisse geschaffen. Es ist schwer verständlich, wie man an eine dauernde Allianz dieser beiden Elemente hat glauben können. Beruhte diese Allianz doch eigentlich darauf, daß die Konservativen den Liberalen die Früchte vor dem Munde glaubten weg nehmen und diese dadurch unschädlich machen zu können. Allerdings ward zwischen Konservativen und Nationalliberalen vor etwa anderthalb Jahren wieder eine Art von Waffenstillstand geschlossen. Es gehört aber schon heute nicht viel Voraussicht dazu, um zwischen diesen beiden Parteien einen heftigen Kampf um die Herrschaft für die Zukunft vorauszusehen. Zwischen Konservativen und Deutschfreisinnigen besteht und bestand ununterbrochen der heftigste Krieg. Grollend und im tiefsten Innern unversöhnt steht der alte Kern der Centrumspartei daneben. Die Gefahren, die von Seiten der Sozialdemokratie für die fernere Zukunft drohen, sind so allgemein anerkannt, daß man kein Wort darüber zu verlieren braucht. An eine Stabilität unserer Verhältnisse ist unter diesen Umständen in keinem Falle zu denken. Wir glauben, wie gesagt, an keine Gefahr für den Bestand des Reichs. Aber der ernstliche Kampf der Parteien muß spätestens an dem Tage beginnen, wo Fürst

Bismarck aufhört, unsere Geschicke zu lenken. Die „Revision der Reichsverfassung" auf dem dazu erforderlichen gesetzlichen Wege, die auch wir kürzlich als Ziel bezeichneten, wird dann das Losungswort der Parteien werden. Es wird dann auch der Moment gekommen sein, mit unseren Plänen hervorzutreten. Und wir sind fest überzeugt, daß sich die Mauer des Fürsten Bismarck dann sehr bald als nicht unzerbrechlich erweisen werde. Es muß sich dann zeigen, welche Parteikonstellation sich uns darbietet.

Das wenigstens wird gewiß Niemand behaupten wollen, daß die Lösungsversuche dann vor der jetzigen Staatenbildung Halt machen werden. Schon jetzt hat man in der Idee keineswegs an diesem Punkte Halt gemacht. Wir erinnern uns, daß schon vor, irren wir nicht, 5 Jahren von einem Redner der Linken das jetzige deutsche Staatensystem als für etwa 50 Jahre aushaltend bezeichnet wurde. Wenn socialdemokratischer Seits die Republik ganz offen als das politische Ziel bezeichnet wurde, so liegt es auf der Hand, daß auch dieses Ziel nicht ohne eine Aenderung der jetzigen Ländervertheilung herbeizuführen sein wird. Von dem Fürstenthum Waldeck wollen wir gar nicht einmal sprechen. Nachdem die Selbstständigkeit Hamburgs in der Freihandelsfrage gebrochen, sind aber auch in Hamburg in immer steigendem Maße annexionistische Stimmen laut geworden. Ein „die ehrliche Aufrechterhaltung der Reichs-Verfassung" überschriebener Artikel der „Hamburger Nachrichten" gelangt zu dem Resultat, daß eine Zeit kommen könne, wo die Aufrechterhaltung der Einzelstaaten ein sachlich durch nichts mehr gerechtfertigter Luxus auf Kosten der nationalen Entwickelung Deutschlands sein würde. Wann dieser Zeitpunkt eintrete, sei prinzipiell irrelevant. Die Hauptsache sei, daß er nach der jetzigen Verfassung eintreten könne, ja bei dem logischen Ausbau derselben eintreten müsse.

Wir haben nicht gehört, daß man diesen Sätzen gegenüber irgendwo über „Landesverrath" und „Reichsverrath" geschrieen habe. Was den „Hamburger Nachrichten" Recht ist, beanspruchen wir aber auch für uns. Es kann eine Zeit kommen, sagen wir, wo die unnatürliche Verbindung Hannovers mit dem preußischen Staate ein sachlich durch nichts mehr zu rechtfertigender preußischer Luxus ist. Wann dieser Zeitpunkt eintritt, ist prinzipiell irrelevant. Die Hauptsache ist, daß er bei der jetzigen Verfassung eintreten kann, ja bei dem logischen Ausbau derselben eintreten muß. Man wird uns entgegnen, es sei sehr viel wahrscheinlicher, daß die von den „Hamburger Nachrichten", als daß die von uns erwartete Eventualität eintrete. Darauf kommt es wohl aber nicht an, und wir können nicht oft und bestimmt genug darauf hinweisen, daß der entscheidende Kampf zwischen Föderalismus und Einheitsstaat bei uns noch gar nicht gekämpft ist, daß man in diesem Kampfe auch unserer bedürfen wird und daß jedenfalls bis dahin die hannoversche Frage eine offene bleibt.

Mit welchem Programm die Föderalisten ihrer Zeit vor die Oeffentlichkeit treten können und werden, läßt sich, wie wir andeuteten, heute noch gar nicht übersehen. Wenigstens hält der Verfasser es für verfrüht, wenn man schon heute dies festzustellen versuchen wollte. Aehnliche Versuche sind bisher stets resultatlos geblieben und müssen es unseres Erachtens auch noch lange bleiben. Die Dinge müssen erst wieder ins Rollen kommen, ehe sich bestimmte greifbare Zielpunkte ergeben.

Einige wenige Andeutungen wird man aber doch wohl von uns verlangen, wenn uns der Vorwurf erspart bleiben soll, daß es ein leeres Gerede sei, mit dem wir unsere Hoffnungslosigkeit verdecken wollten.

Ausgangspunkt für den Verfasser ist der Gegensatz gegen den Staats-Socialismus, gegen Alles, was irgendwie damit zusammenhängt, gegen die polizeiliche Regelung unseres Verkehrswesens und schließlich auch gegen den Kern der heutigen Wirthschaftspolitik. Der Kampf für die verfassungsmäßige Freiheit und wahrlich nicht in letzter Linie für die bedrohte Stellung des Reichstags schließt sich eng daran an. Der Verfasser glaubt nicht, daß man vor einer weiteren Ausbildung des Reichs durchaus zurückzuschrecken brauche, und daß dieselbe nothwendig zu dem von den „Hamburger Nachrichten" hingestellten Ziele, d. h. daß sie zum Einheitsstaate führen müsse. Gerade als Gegengewicht gegen den preußischen Partikularismus erscheint ihm eine Weiterbildung sogar unentbehrlich. Namentlich die Schaffung eines verantwortlichen und von der preußischen Regierung unabhängigen Reichsministeriums halten wir für unvermeidlich. Ja! es gibt gewiß noch manche Attribute der Einzelstaaten, die man auf das Reich übertragen könnte, ohne in jenen centralistischen Doktrinarismus zu verfallen, der da ohne Noth den Wirkungskreis der Einzelstaaten schmälert.*) Die richtige Grenzlinie einzuhalten, mag freilich schwer sein. Einzelne Theile der Reichsgesetzgebung, wie zum Theil das auf das Gewerbe- und Heimathswesen Bezügliche, könnte man den Einzelstaaten wieder verleihen. Denn wir haben viel zu viel Centralisation auf diesen Gebieten. Vielfache Verwirrung ist davon die Folge; und manche Experimente der letzten Jahre wären ohne das nicht möglich und nicht von so einschneidender Wirkung gewesen. Freilich müssen nicht blos die Verhältnisse und Traditionen der einzelnen Staaten, sondern auch die der Provinzen innerhalb derselben geschützt werden.

Wie auf dem gewerblichen und socialen Gebiete, so müßte der Statsomnipotenz natürlich auch auf dem kirchlichen ein Ende gemacht und eine organische Revision der Maigesetze vorgenommen werden.

Von der großen Politik rathen wir auf das Entschiedenste

---

*) So lange die Annexion Hannovers aufrecht erhalten wird, liegt in jeder Ausdehnung der Reichscompetenz natürlich für den Moment ein Vortheil für uns Hannoveraner. Wir möchten diese Defensivwaffe gegen den preußischen Partikularismus wenigstens in keinem Falle unterschätzen.

abzusehen: schon um den Beweis zu liefern, daß wir bei unseren Hoffnungen von dem Auslande gänzlich abstrahiren. Auch Oesterreich-Ungarn bietet unseres Erachtens zur Zeit noch durchaus keinen Anhaltspunkt für einen deutschen Föderalismus. Wie wir auf dessen Eingreifen in unsere Verhältnisse nicht mehr spekuliren dürfen, so muß auch der Gedanke unseres Eingreifens in die verwickelten österreichischen Verhältnisse, wie der Verfasser glaubt, zurückgewiesen werden: uns würden wir dadurch nichts nützen, Oesterreich aber schaden. Der Verfasser kann auch heute hier nur das wiederholen, was er im Schlußwort zu der oben citirten Schrift im Winter 1871 auf 72 niederschrieb: „Wir mögen die österreichische Frage anfassen wo wir wollen, sie bietet auch dem großdeutsch Gesinnten nach 1866 und vollends nach 1870 nur Dornen dar. Welches Lösungsmittel soll man vorschlagen?" — — — — — — — „Man muß Oesterreich seinem Schicksal überlassen. Man muß sich ihm gegenüber damit begnügen, daß man seiner Regierung die durch die Trennung vom deutschen Mutterlande hervorgerufenen inneren Kämpfe und Leiden nicht erschwert und, so lange es irgend geht, nicht bloß äußerlich, sondern auch innerlich den Frieden mit ihm aufrecht erhält. Gottes Weisheit hat hier vielleicht eine Lösung, von der der Menschenwitz nichts ahnt."*)

Dagegen ist der Verfasser bekanntlich ein Freund der Kolonialpolitik und er hofft, auf diesem Wege über kurz oder lang dem föderativen Prinzip neue Bundesgenossen zu erwerben, vielleicht aber auch Holland und Belgien auf friedlichem Wege heranzuziehen, um die so oft besprochene mitteleuropäische Konföderation dadurch im Westen zu einer Wahrheit zu machen. Je besorgter er auch im günstigsten Falle die deutschen und europäischen Verhältnisse ansieht, um so mehr möchte er seine germanistischen

*) S. die oben angeführte Schrift S. 248 und 259.

Jugendhoffnungen auf ein System deutscher Kolonien übertragen können. Nicht durch uns darf jedenfalls auf irgend einem Punkt der völkergeschichtlichen Aufgabe Deutschlands hindernd in den Weg getreten werden. Gerade hier ist ein Punkt, wo wir mit gutem Gewissen — einmal „Ja" sagen und der Welt beweisen können, daß wir nicht blos zu — hindern verstehen.

Nicht im Gegensatze zu der Kolonialpolitik, sondern in Verbindung mit ihr steht dem Verfasser die Frage des Militärbudgets. Die Verminderung der Militärlast ist ein altes Begehren, das sich immer und immer wieder geltend machen wird. Und zwar umsomehr, je mehr sich der Friedenszustand in Europa verlängert, je mehr es sich zeigt, daß wir einen auswärtigen Feind gar nicht mehr zu fürchten haben.

Die Verminderung der finanziellen Lasten hängt natürlich wiederum aufs Engste hiermit zusammen. Auch sie wird immer nöthiger werden und die finanziellen Lasten würden natürlich auch dadurch verringert werden, daß der Staat aufhört, Alles und Jedes von den Eisenbahnen bis zu dem Schulwesen in seine Hände nehmen zu wollen.

In gewissem Sinne als die Krönung einer „Revision der Reichsverfassung" denken wir uns die Vereinigung der kleineren Staaten zu möglichst selbstständigen Kreisen im Sinne Kaiser Maximilians und daneben eine in innern Dingen möglichst autonome Stellung für die Mittelstaaten einschließlich eines wieder herzustellenden Hannovers.

Man sieht, wie die Wiederherstellung Hannovers in diesem Programm schon von selbst enthalten ist.

Sollten solche Pläne unmöglich, sollten sie nicht wenigstens ebenso gut berechtigt sein als die socialdemokratischen Träume, denen man doch fort und fort Abschlagszahlungen sich zu geben bemüht?

Den deutschen Gedanken haben wir mit solchen Plänen auf unserer Seite. Wollen wir jenen gothischen Ausbau, zu dem der Verfasser sich in seiner Jungfernrede im Jahre 1880 vor dem Reichstag bekannte, so werden wir auf ähnliche Dinge jedenfalls greifen müssen.

III.
Die braunschweigische Frage.

1. Die Beziehung zwischen der braunschweigischen und der hannoverschen Frage.

Zu der hannoverschen Frage hat sich nun seit dem Herbst v. J. die braunschweigische gesellt. Beide Fragen sind natürlich nicht ohne Rückwirkung auf einander geblieben. Die Schwierigkeiten, die man dem im Prinzip doch eigentlich unbestrittenen Successionsrecht des Herzogs von Cumberland entgegenstellt, sind bekanntlich vor Allem dem Umstande entnommen, daß die hannoversche Frage von unserer Seite offen erhalten wird; und umgekehrt hat die braunschweigische Frage auf die deutschhannoversche Partei in mehr als einer Weise zurückgewirkt. Dennoch müssen wir es als einen Irrthum bezeichnen, wenn man wähnt, daß der hannoverschen Sache ein Dienst mit der Zulassung unseres Herzogs in Braunschweig erwiesen werde. Gerade das Gegentheil ist wahr. Obwohl in der einfachen Gewährung eines neu hinzugekommenen Rechts natürlich keine Sühne für das Unrecht der Vergangenheit gefunden werden kann, so würde doch die Zulassung unseres Herzogs in Braunschweig in weiteren Kreisen, wie dies z. B. auch aus der Broschüre des Freiherrn Bernh. v. Bothmer hervorgeht, als eine Sühne für das Jahr 1866 betrachtet werden. Für das Decentralisations-Prinzip ist Braunschweig dagegen nur von verschwindend geringer Bedeutung, und es würde, selbst bei einer Wiederherstellung Hannovers, aus mancherlei Gründen, bei denen auch die Eifersucht eine gewisse Rolle spielt, dem, was wir in letzter Instanz erstreben, nur Schwierigkeiten bereiten oder doch gewiß nicht förderlich sein.

Die Lage unseres Herzogs würde in Braunschweig eine mehr als dornenvolle werden; die Umstände würden ihn ganz von selbst zu einem Werkzeuge gegen uns machen. Es ist unvermeidlich, daß die hannoversche Partei durch die Thatsache eines in Braunscheig regierenden Herzogs von Cumberland auf Schritt und Tritt gehemmt werden würde. Wir berufen uns in dieser Beziehung auch auf die einleitenden Worte der mehr genannten im Mai d. J. zu Hannover herausgekommenen Broschüre*), deren Gedankengang nicht überall der unsrige ist.

Man möge uns nun nicht entgegenhalten, daß — man verzeihe den vulgären Ausdruck — unsere Trauben sauer seien. Wir können versichern, daß es z. B. den Verfasser persönlich einen großen Kampf gekostet hat, ehe er sich entschließen konnte, die Einsetzung des Herzogs in sein braunschweigisches Erbe aufrichtig zu wünschen und zu erstreben. Wenn er sich dazu entschlossen hat, so geschah es, weil er es im allgemeinen deutschen Interesse für Pflicht hielt. Wir leugnen nicht, daß es Leute in unserer Partei giebt, die darüber anders denken. Ein Theil des eigentlichen Volks — namentlich unter den Bauern ist diese Anschauung verbreitet — wünscht seinen Herzog in Braunschweig zu sehen und meint ganz im Sinne der Bismarckischen Befürchtungen, daß Braunschweig eine Etappe nach Hannover sein werde. Auch unter den Gebildeten giebt es natürlich Leute, die den politischen Zusammenhang der Dinge nicht völlig übersehen; und jede Partei besitzt laue Elemente,

---

*) Aktenstücke zur Frage der Erbfolge im Herzogthum Braunschweig. Hannover bei Arnold Weichelt.

die das Schiff unter irgend einem Vorwande zu verlassen wünschen. Das ändert aber an dem Sachverhalte nichts. Nur die Leidenschaftlichkeit des Fürsten Bismarck und derer, welche ihm auch in der braunschweigen Sache folgen, kann auf der Gegenseite den wahren Zusammenhang der Dinge verkennen.

Man wird uns von Seiten unserer eigenen Parteigenossen auch vielleicht hier wieder unsere Offenherzigkeit vorwerfen. Aber wir haben uns einmal vorgenommen, in dieser Stunde die volle Wahrheit zu sagen, und wir glauben, daß nur die Wahrheit frei machen kann.

Natürlich leugnen wir auch nicht, daß wir in der braunschweigischen Frage eine gewisse Ehrenpflicht gegen unseren Herzog zu erfüllen haben. Unsere Zeitungen haben sich deshalb mit Entschiedenheit zu Gunsten des braunschweigischen Erbrechts ausgesprochen, und käme die braunschweigische Frage im Reichstage zur Sprache, so würden die hannoverschen Abgeordneten sich natürlich in gleichem Sinne benehmen. Wenn man aber, wie es den Anschein hat, glaubt, man könne uns Deutsch-Hannoveraner durch die Fernhaltung unseres Herzogs von dem braunschweigischen Throne einen Schlag beibringen, so irrt man sich völlig, und wenn die Leidenschaftlichkeit, welche fast die gesammte liberale Presse in dieser braunschweigischen Sache leider zeigt, von der Besorgniß eingegeben wird, welche ihr die hannoversche Partei bereitet, so ist sie auf einer ganz verkehrten Fährte. Hieraus folgt aber wiederum, daß die deutschhannoversche Partei und deren Haltung nicht als ein Hinderniß für die Regierung des Herzogs Ernst August betrachtet werden kann. Wir haben oben darzulegen gesucht, daß ihre Ziele in keinem Gegensatz zu dem Reichsgedanken stehen und daß ihre Mittel von jeder Gewaltsamkeit absehen und absehen müssen. Es kommt hier nun das Dritte hinzu, daß der hannoverschen Partei durch die Zulassung des Herzogs in Braunschweig gar nicht einmal Vorschub geleistet wird. Nur das eigene Bewußtsein von dem, was sie in 1866 und nach 1866 gethan haben, kann unsere Gegner die von Braunschweig her der Annexion Hannovers drohende Gefahr in einem mindestens so ganz übertriebenen Lichte erscheinen lassen. Regierte der Herzog Ernst August in Braunschweig, so wäre es wahrlich nicht das erste Mal, daß ein regierender deutscher Fürst sehr ernstliche Ansprüche auf ein anderes deutsches Land erhöbe, ohne daß dadurch der Friede gefährdet würde. Die Schwierigkeit liegt ganz wo anders. Sie liegt darin, daß Preußen sich der Thronbesteigung des Herzogs von Cumberland von vorne herein und de facto schon lange im voraus widersetzte. Denn erst dadurch hat die Frage von dessen Zulassung diese Bedeutung angenommen. Nur deshalb erscheint sie als ein Sieg des Rechtsprinzips über das Annexions= prinzip. Trotzdem erscheint noch immer ein mittlerer Weg möglich. Genügt die in dem Besitzergreifungs=Patent des Herzogs ausge= sprochene Erklärung, nach der Reichsverfassung regieren zu wollen, nicht, so könnten die deutschen Fürsten unseres Erachtens die Wiederholung eines solchen Versprechens auch ihnen gegenüber be= gehren: das, was der Herzog abgeschlagen hat, ist bekanntlich etwas ganz Anderes. Die Hauptsache ist die klare, unumwundene Anerkennung des dem Herzoge von Cumberland zustehenden Erbrechts. Es ließe sich immerhin hören, wenn man trotz= dem noch auf eine bestimmte Reihe von Jahren das gänzliche oder theilweise Fernbleiben von Braunschweig von dem Herzoge Ernst August verlangte und am 18. October für diesen Zeitraum die Regentschaft eintreten ließe: daß dem Herzog Ernst August auch jetzt schon der Huldigungseid geleistet würde, wäre dadurch ebenso wenig ausgeschlossen als daß er zu diesem Zwecke wenigstens einmal im Lande erschiene. Will man aber von solchen Wegen absehen: — nun so bliebe doch noch immer eventuell der durch das braunschweigische Regentschaftsgesetz vom 16. Februar 1879 gewiesene Weg ohne Modifikation. Wir verstehen jedenfalls nicht, was einer prinzipiellen Anerkennung des Erbrechts un=

seres Herzogs im Wege stehen kann, wenn man thatsächlich den „Regentschaftsrath" bis zum 18. October d. J. amtiren und dann nach § 6 jenes Gesetzes bis auf Weiteres einen Regenten aus den Prinzen der souverainen deutschen Fürstenhäuser wählen läßt. Einer dem Jahre 1866 ferner stehenden und darum unbefangeneren Zeit würde es dann vorbehalten bleiben, die Consequenzen der rechtlichen Anerkennung des Herzogs Ernst August zu ziehen.

2. Die Vorgänge seit dem Tode des Herzogs Wilhelm von Braunschweig.

Am 18. October v. J. ist der Herzog Wilhelm gestorben. Nach der Jahrhunderte alten, in der braunschweigischen Landschaftsordnung von 1832 sanctionirten, in den Huldigungseid des Landes übergegangenen und 1863 resp. 1864 noch einmal bestätigten Erbfolge-Ordnung des Herzogthums ist der braunschweigische Thron ipso jure und nach dem Prinzip, daß der Lebendige den Todten erbt, auf den Herzog von Cumberland übergegangen. Wie man einen solchen Lärm über das Manifest hat machen können, durch das dasselbe die Regierung von Braunschweig antrat, ist nicht zu verstehen.

Nicht von dem gegnerischen aber von unserem Standpunkte aus politisch zweifelhaft könnte vielleicht derjenige Passus sein, der sich in dem fraglichen Patente auf die Reichsverfassung bezieht. Derselbe lautet: „Wir werden die Regierung des Herzogthums nach Maßgabe der Verfassung des deutschen Reiches sowie der Landesverfassung führen und Wir versichern bei Unserm fürstlichen Worte, entsprechend der Bestimmung im § 4 der Landschafts-Ordnung vom 12. October 1832, daß Wir die Landesverfassung in allen ihren Bestimmungen beobachten, aufrecht erhalten und beschützen wollen." Es ist sonderbarer Weise die Meinung aufgetaucht, es sei in diesen Worten in Verbindung mit dem Brief vom 14. Januar 1879, ein Verzicht auf Hannover enthalten.

Verzichte sind aber strictae interpretationis und dürfen nicht präsumirt werden. Es handelt sich hier um die Reichsverfassung, nach der Hannover, wenn auch nur implicite, als ein Theil der preußischen Besitzungen erscheint, für die die Reichsglieder eine Garantie übernehmen. Im Patent vom 18. Oktober 1884 ist, wie wir sehen, mit einer sehr geschickten Wendung lediglich erklärt, daß der Herzog die Regierung „nach Maßgabe der Verfassung des deutschen Reichs" führen werde. Daß dies prinzipiell von einer rechtlichen Anerkennung der gesammten Reichsverfassung, ja auch eines Theiles derselben an sich noch sehr verschieden ist, liegt auf der Hand. Denn man kann sich offenbar nach thatsächlich bestehenden Gesetzen richten, ohne dieselben rechtlich anzuerkennen; es ist dies zu allen Zeiten die Stellung der unter einer theoretisch und prinzipiell bestrittenen Obrigkeit lebenden Legitimisten gewesen.

Einen Schritt weiter geht der erwähnte, an den verstorbenen Herzog Wilhelm von Braunschweig gerichtete Brief des Herzogs Ernst August vom 14. Januar 1879. Dieser erklärt, daß der Herzog die Regierung „nur in der Rechtslage, in welcher sich dieselbe zur Zeit des Anfalls befinde, also unter Anerkennung aller für das Herzogthum abgeschlossenen Verträge und demgemäß auch unter Anerkennung des Herzogthums als eines Gliedes des deutschen Reichs" antreten werde. Wir wollen nicht darüber streiten, ob eine wirkliche Anerkennung der noch nicht einmal genannten Verfassung des Reichs in diesen Worten an sich liegen könnte. Aber es handelte sich dabei zunächst nur erst um das Versprechen hinsichtlich eines zukünftigen Aktes. Hierin konnte die Anerkennung der Reichsverfassung de facto niemals liegen; ganz abgesehen davon, daß eine offizielle Erklärung von solcher Tragweite nicht dem Herzoge Wilhelm gegenüber und am

allerwenigsten in einem Privatbriefe an diesen hätte ausgesprochen
werden müssen. Am Weitesten geht das Schreiben des Herzogs
Ernst August an das braunschweigische Staatsministerium vom
2. November 1884. Der Herzog sagt darin, er habe, abgesehen
von dem, was er dem Herzoge Wilhelm am 14. Januar 1879
versprochen, „auch jetzt noch bei Antritt der Regierung des Her=
zogthums" — — — — — „durch Erklärung Unseres Willens,
nach Maßgabe der Verfassung des deutschen Reichs die Regierung des
Herzogthums zu führen, diese Verfassung in feierlicher
Weise anerkannt." Hierin bezeichnet also der Herzog Ernst
August selbst die betreffende Stelle seines Patents als eine feier=
liche Anerkennung der Reichsverfassung. Es kann jedoch in diesen
am 2. November niedergeschriebenen Worten, die sich auf die Ver=
gangenheit beziehen, gerade wie sich der Brief vom 14. Januar
1879 auf die Zukunft bezieht, noch viel weniger als in jenem
Briefe die Anerkennung selbst enthalten sein. Der einzige Willens=
akt des Herzogs Ernst August liegt in dem Patente vom 18. Ok=
tober und man kann das Schreiben vom 2. November nur als
ein Interpretationsmittel für das Patent heranziehen. Wenn es
der Herzog am 2. November in einer Weise interpretirt hätte,
die in demselben absolut keine Begründung finden könnte, so wür=
den seine Worte keine Bedeutung haben und nur einem Irrthume
Ausdruck verleihen.

So liegt die Sache nun freilich nicht. Der Herzog nennt
die Erklärung, daß er in Braunschweig „nach Maßgabe der
Verfassung des deutschen Reiches regieren wolle", eine feier=
liche Anerkennung derselben; und in der That ist das in einem
solchen Momente abgegebene fürstliche Versprechen ein feier=
licher Akt von der größten Bedeutung, an dem man gewiß nicht
herumdeuteln soll. Demgegenüber steht aber vor wie nach, ab=
gesehen von dem am 23. September 1866 an die Höfe gerichteten,
der feierliche Protest in der Proklamation an die Hannoveraner

vom 5. Oktober 1866. Denn diese feierliche, mit dem Königlichen Insiegel versehene Proklamation des Königs Georg von Hannover wurde von dem damaligen Kronprinzen, dem jetzigen Herzoge von Cumberland, mit unterschrieben*). Sie ist also als von dem Herzoge mit erlassen zu betrachten. Bekanntlich hat der Herzog bei dem Tode des Königs Georg vor nunmehr sieben Jahren seine Ansprüche dann auch Preußen gegenüber seinerseits feierlich geltend gemacht und jetzt nichts davon zurückgenommen. Will man sich den Ausdruck des Herzogs in dem Schreiben vom 2. November aneignen, so kann also offenbar die Anerkennung der Reichsverfassung nur insofern gemeint sein, als dieselbe sich auf das **Herzogthum Braunschweig** und dessen Verpflichtungen bezieht. Hier findet dann auch der in dem Schreiben vom 2. November ausdrücklich angezogene Brief vom 14. Januar 1879 als Interpretationsmittel seine Stelle, weil darin von der Anerkennung der von Braunschweig abgeschlossenen Verträge und von dessen Anerkennung als Reichsglied die Rede ist. **Sofern er Herzog von Braunschweig ist und nur sofern er dieß ist**, darf der Herzog Ernst August die Bestrebungen der deutsch-hannoverschen Partei fortan nicht unterstützen und insbesondere die Mittel, die ihm das Herzogthum Braunschweig liefert, zu diesem Zwecke nicht verwenden. Zwischen Braunschweig und Hannover würde nur eine Personal-Union bestehen, wie dies auch durch

---

*) Die in diesem Dokumente sich darauf beziehenden Worte lauten: „Da des Allmächtigen unerforschlicher Rathschluß Uns vor der Zeit aus dem irdischen Leben abrufen könnte, so haben wir auch von unserem vielgeliebten Herrn Sohne und Thronfolger, des Kronprinzen Ernst August Königliche Hoheit und Liebden, **auf Höchst dessen eigenen Wunsch**, diese Unsere Königliche Kundgebung mit vollziehen lassen." Man sieht, es wird für die Geschichtsschreiber bereinst nicht des Märchens von dem dem Könige Georg auf dem Sterbebette geleisteten Eid bedürfen, um die jetzige Haltung des Herzogs von Cumberland zu erklären.

den Passus 3, a des Anerkennungsdokuments vom 3. März 1863 ausdrücklich bestätigt ist. Und es ist mehr als einmal in der Geschichte vorgekommen, daß bei einer solchen Personal-Union für den einen Staat ganz andere Verpflichtungen als für den andern existiren. Ebensowenig als ein „ideeller Kriegszustand" zwischen Hannover und Preußen, wenn derselbe rechtlich zu konstruiren wäre, mit der Besteigung des braunschweigischen Thrones durch den Herzog Ernst August eo ipso auf das Herzogthum Braunschweig übertragen würde, ebensowenig können die Verpflichtungen, die der Herzog Ernst August als Herzog von Braunschweig übernimmt, auf ihn als König von Hannover übertragen werden. Es geht uns deßhalb schon viel zu weit, wenn die citirte Broschüre „Aktenstücke zur Frage der Erbfolge im Herzogthum Braunschweig" in ihrer Einleitung auf Seite 16 in den Worten des Herzogs eine „rückhaltlose Anerkennung der Reichsverfassung" findet und dann weiter schlechtweg sagt, „die Anerkennung der Reichsverfassung enthalte eine Anerkennung des gegenwärtigen Besitzstandes aller Reichsgenossen, somit auch des preußischen Besitzstandes." „Rückhaltlos" kann die Anerkennung der Reichsverfassung von unserem Herzoge jedenfalls nicht ausgesprochen sein, da er sonst sich ja nicht geweigert haben würde, auf Hannover zu verzichten. Was aber den „Besitzstand" betrifft, so ist dies jedenfalls ein Wort von sehr zweifelhafter Bedeutung. Nur den Detentionsbesitz, nicht aber den juristischen Besitz, der sich in nur zu vielen Fällen an die Stelle des Eigenthumsrechts gesetzt hat und setzt, kann der Herzog als König von Hannover anerkennen. Daß der Herzog Ernst August jedenfalls nicht auch in dieser Eigenschaft in seinem Besitzergreifungspatent vom 18. Oktober v. Js. hat sprechen wollen, darauf weist Alles und Jedes hin. Wir wollen hier nur noch zwei Punkte hervorheben. Das kurze Versprechen, „nach Maßgabe der Verfassung des deutschen Reichs" regieren zu wollen, ist in einen längeren Passus eingeschaltet, welcher sich im Uebrigen ausschließlich mit der Landesverfassung des Herzogthums Braunschweig befaßt. Noch entscheidender aber ist der Umstand, daß das Manifest lediglich an die Braunschweiger gerichtet ist, ganz wie der Brief vom 14. Januar 1879 an den Herzog Wilhelm. Es fehlt deßhalb auch hier an einem Subjekte, dem gegenüber der Herzog irgend welche Verpflichtung übernehmen konnte.*) Die Handlungsweise des Herzogs erscheint somit nach allen Seiten hin unanfechtbar. Jener Brief, den der Herzog Ernst August an eine englische Adresse gerichtet und worin derselbe erklärt haben soll, das Versprechen, nach Maßgabe der Verfassung regieren zu wollen, involvire keineswegs einen Verzicht auf Hannover, entspricht derselben, wie wir sehen, vollständig.

In Braunschweig hat man nun den im § 2 des Gesetzes vom 16. Februar 1878 vorgesehenen Fall einer Behinderung des erbberechtigten Thronfolgers als eingetreten angenommen und die in diesem Gesetze angeordnete Constituirung eines Regentschaftsraths veranlaßt. Der Herzog von Cumberland hat hiergegen in seinem Schreiben vom 2. November 1884 Verwahrung eingelegt und dabei erklärt, daß er einen „Rechtsgrund" für seine Behinderung nicht zu erkennen vermöge.

Der Verfasser möchte sich in dieser brennenden und intrikaten braunschweigischen Frage noch ganz besonders vor jeder Uebertreibung hüten; denn jede Uebertreibung rächt sich und er empfindet den ganzen, verantwortlichen Ernst der Krisis nur zu sehr. Uebrigens glaubt er bevorworten zu sollen, daß seine Argumentationen gerade auch in dieser braunschweigischen Frage nur seine eigenen Ueberzeugungen wiedergeben: der Belehrung im Einzelnen wird er allzeit zugänglich sein.

---

*) Man wird übrigens mit Recht sagen dürfen, daß auch das Versprechen des Herzogs Ernst August in Betreff seiner Regierung nach Maßgabe der Reichsverfassung erst in dem Augenblicke perfekt wird, wo eine Acceptation von Seiten des Reichs vorliegt.

Ueber die Handlungsweise der braunschweigischen Regierung kann man zum Theil verschiedener Ansicht sein. Darin hat allerdings das Schreiben des Herzogs vom 2. November 1884 Recht, daß ein „Rechtsgrund" für seine Behinderung nicht existirt. Andererseits aber kann man geltend machen, es sei bekannt und notorisch gewesen, Preußen werde den Herzog Ernst August wenigstens zur Zeit in Braunschweig nicht zulassen und somit an der Regierungsübernahme verhindern. Im Prinzip lag diese Verhinderung auch unzweifelhaft in dem Erlaß des Generalmajors von Hilgers d. d. 18. October v. Js. ausgesprochen, indem derselbe den Tod des Herzogs Wilhelm als „unbeerbt" bezeichnete. Ja! in Betreff der herzoglichen Reservatrechte enthielt dieser Erlaß schon eine thatsächliche Verhinderung. Der Regentschaftsrath hat sich deßhalb nicht ganz ohne Grund auf diesen Erlaß berufen können. Der Verfasser neigt im Gegensatze zu manchen Auffassungen und Preßstimmen des eigenen Lagers zu der Meinung, daß der Regentschaftsrath bei seinen ersten Akten correct gehandelt haben würde, **wenn er nur zugleich das Erbrecht des Herzogs von Cumberland principiell anerkannt hätte.** Daraus, daß dies nicht geschehen, machen wir ihm und dem Ministerium freilich einen großen Vorwurf. In dem Schreiben an den Herzog von Cumberland vom 22. October v. Js. ist nur von den „eventuellen Ansprüchen" des Herzogs die Rede. Nach den Zeitungen hat Graf Görtz-Wrisberg später vor den braunschweigischen Ständen den Herzog als den einzigen Prätendenten bezeichnet, der — wer denkt dabei nicht an das Jahr 1864 und den Herzog von Augustenburg? — bis jetzt aufgetreten sei*). Aber der Regentschaftsrath hat sich auf

---

*) Erst neuerdings hat sich aber der braunschweigische Regentschaftsrath völlig auf den Boden der preußischen Auffassungen gestellt und die braunschweigische Ständeversammlung dazu mit fortgerissen. Wir sehen hierin eines der verhängnißvollsten Ereignisse der ganzen Angelegenheit.

Grund des von dem Herzoge von Cumberland sowenig als von dem Herzoge von Cambridge bei dessen Entstehung angefochtenen Gesetzes vom 16. Februar 1879 konstituirt und Dritte werden vorläufig gegen dessen Funktionirung keinen formellen Einwand erheben können, da die Entscheidung, ob eine Behinderung vorliege, lediglich bei dem braunschweigischen Staatsministerium steht und die Constituirung des Regentschaftsraths durch einen einfachen Mehrheitsbeschluß dieses letzteren erfolgen soll.

Nur preußischer Seits hat man sich von vornherein in dieser braunschweigischen Sache auf einen Boden gestellt, der uns als ein rechtlich durchaus unhaltbarer erscheint. Schon der Erlaß des Kgl. preuß. Generalmajors Frhrn. von Hilgers enthält eine Reihe äußerst bedenklicher Sätze. Es ist zunächst nicht zu verstehen, wie dieser Erlaß das Hinscheiden des Herzogs Wilhelm als ein „unbeerbtes" bezeichnen kann. Denn selbst wenn der rechtmäßige Erbe thatsächlich an der Ausübung der Regierung verhindert wäre, so würde demselben dadurch sein Erbrecht doch noch nicht genommen sein. Und wenn der Herzog von Cumberland nicht der rechtmäßige Erbe wäre oder sein Recht in irgend einer Weise verlieren könnte, so waren doch noch andere Erben da: zunächst der Sohn des Herzogs Ernst August und wenn dieser sein Recht etwa auch verloren hätte, der Herzog von Cambridge, nach diesem seine Schwester, die regierende Großherzogin von Mecklenburg-Strelitz, deren Sohn der Erbprinz Adolf Friedrich von Mecklenburg-Strelitz und sofort. Sodann erscheint es irrig, wenn im Eingang und am Schluß des Erlasses dem Reiche so ohne Weiteres die Entscheidung über die Erbfolge in Braunschweig zugesprochen wird. Endlich ist es offenbar ein Irrthum, wenn der Generalmajor von Hilgers auf Grund der Artikel 11 und 17 der Reichsverfassung Sr. Majestät dem Kaiser das Recht zuschreibt, darüber zu wachen, „daß der rechtmäßigen Erledigung der Thronfolge nicht vorgegriffen und daß die an der Person des Herzogs haftenden militäri=

schen Reservatrechte sicher gestellt werden". In dem Artikel 17 heißt es lediglich: „Dem Kaiser steht die Ausfertigung und Verkündigung der Reichsgesetze und die Ueberwachung der Ausführung derselben zu." Wenn man in dieser Weise die inneren Landesgesetze zu den Reichsgesetzen rechnet, die der Kaiser zu überwachen habe, und wenn man zu dieser Ueberwachung auch o h n e W e i t e r e s militärische Maßnahmen zählt, so könnte das doch zu einer recht weitgehenden Einmischung in die innern Angelegenheiten der Bundesregierungen führen. Allerdings beruft sich der Erlaß des Generalmajors von Hilgers auch auf die Nr. 3 und 4 des § 4 des braunschweigischen Gesetzes vom 16. Februar 1879. Es heißt aber in demselben nur, der Regentschaftsrath werde an den Kaiser das erforderliche E r s u c h e n richten, damit das Verhältniß Braunschweigs zum Reiche, namentlich das Stimmrecht im Bundesrath für die Dauer der provisorischen Regierung geordnet werde; und er werde denselben ferner ersuchen, über die Ausübung der Reservatrechte während der Dauer des Provisoriums die ihm erforderlich scheinenden Anordnungen zu treffen. Ein solches Ersuchen hat nicht stattgefunden und konnte bei dem Erlaß des Generalmajors von Hilgers auch gar nicht stattgefunden haben.

Wir halten es von Wichtigkeit, die chronologische Aufeinanderfolge der Thatsachen, wie wir dieselbe zu ermitteln vermochten, hier zu konstatieren. Herzog Wilhelm von Braunschweig starb am 18. Oktober 1¼ Uhr Morgens. Um 2 Uhr war die Nachricht in Braunschweig. Sofort wurde auf Befehl des Generalmajors von Hilgers dessen Proklamation gesetzt, gedruckt und in der Morgendämmerung — also etwa zwischen 6 und 7 Uhr — unter militärischer Aufsicht an die Häuser der Stadt angeklebt*). Erst im weiteren Verlaufe des Vormittags konstituirte sich der Regentschaftsrath und erließ dann die erwähnte Kundgebung.

---

*) Das Schreiben des braunschweigischen Staatsministeriums an den Herzog von Cumberland sagt, der Erlaß des Generalmajors von Hilgers sei am Morgen des 18. Oktober „zeitig" publizirt worden.

Die amtlichen Aktenstücke sind nur geeignet, den von uns angenommenen Sachverhalt zu bestätigen. Der Erlaß des Generalmajors von Hilgers sagt mit keinem Worte, daß ein Ersuchen an ihn gerichtet worden sei, und ebensowenig beruft sich die Bekanntmachung des braunschweigischen Regentschaftsraths vom 18. Oktober oder etwa das Schreiben des braunschweigischen Ministeriums d. d. 22. Oktober auf ein solches Ersuchen. Ja, die Wortfassung des letzteren schließt ein solches Ersuchen indirect aus*). Alles deutete schon damals darauf hin, daß die preußische Regierung die braunschweigische Frage nicht als eine Rechtsfrage sondern als eine Machtfrage behandeln wolle. Offiziöse Blätter sprachen es bald darauf auch geradezu aus, daß es sich in der braunschweigischen Frage um eine Machtfrage handele und daß das Wohl der Nation mehr gelten müsse, als die Rechte einer noch so vornehmen Familie; es war der von 1866 uns nur zu bekannte und die Grundlagen jeder Erbmonarchie negierende Ausdruck des aller Rechtsschranken entledigten „salus publica suprema lex esto."

Welche Verhandlungen zu gleicher Zeit mit dem Herzoge Ernst August geführt wurden, darüber sind wir nicht unterrichtet. Offenbar hat es sich aber darum gehandelt, den Herzog zu einem Verzichte auf Hannover zu bewegen. Nach einem nicht unwahrscheinlichen Gerüchte ist Preußen auch hierbei nicht stehen geblieben; es soll von dem Herzog noch außerdem verlangt haben, daß er sich in einem Schreiben an die Hannoveraner wende und von diesen verlange, gute Preußen zu werden. Ob man unter diesen Bedingungen den Herzog oder nur dessen Sohn auf dem braunschweigischen Thron zulassen wollte, scheint noch obendrein mindestens äußerst zweifelhaft. Der Herzog benahm sich wie ein echter deutscher Fürst und so, wie wir es in Hannover erwartet hatten. Diejenigen sahen sich getäuscht, welche aus der auch nach unserer

---

*) Vergl. den dritten Absatz dieses Schreibens.

Ansicht zu großen Zugeknöpftheit des Gmundener Hofs auf ein Nachgeben des Herzogs schließen zu können gehofft hatten. Es ist sicherlich nie einen Augenblick daran gedacht worden, wenn wir es auch für möglich halten, daß man sich am Gmundener Hofe einer Täuschung über die Absichten der preußischen Regierung hingegeben hat, die in den Augen des Publikums Manches in einem falschen Lichte erscheinen ließ.

Der preußische Antrag vom 21. Mai d. Js. hat dann volles Licht in diese Situation gebracht. Es ist soviel über denselben hin und her gesprochen und geschrieben worden, daß wir nicht Eulen nach Athen tragen möchten. Nur einige Punkte müssen wir auch heute noch hervorheben.

Die Berufung auf den Art. 76 der Reichsverfassung erscheint, wie man jetzt in immer weiteren Kreisen zugiebt, völlig unmöglich. Der Dissensus zwischen Preußen und dem Herzoge von Cumberland kann jedenfalls preußischerseits nicht „zu den Streitigkeiten zwischen verschiedenen Bundesstaaten" gerechnet werden, weil dies voraussetzen würde, daß Preußen denselben als Herzog von Braunschweig anerkenne. Mit dem braunschweigischen Regentschaftsrath bestehen keine Differenzen. Jede Argumentation aus dem „Geiste" eines Gesetzes heraus hat aber ihre großen Bedenken und ist ein Nothbehelf, den man nur da, wo besonders zwingende Umstände vorliegen, zulassen darf. Die Absicht des Gesetzgebers muß ganz unzweifelhaft zur Seite stehen, um die Berufung auf den Geist des Gesetzes oder dessen Ausdehnung per analogiam zuzulassen. Hier ist aber gerade das Gegentheil der Fall. Es konnte die Absicht bei der Schaffung der Reichsverfassung nicht sein, dem Reiche auf die vage Behauptung hin, daß in der Zukunft einmal Streitigkeiten zwischen zwei Staaten eintreten könnten, ein Einmischungsrecht in die innern Angelegenheiten eines Bundesstaats zu gewähren. Ein solches Einmischungsrecht könnte und würde mit Nothwendigkeit zu den allerbedenklichsten Consequenzen führen. Der Bundesrath würde dadurch in allen und jeden inneren Landesangelegenheiten competent. Es ist nach unserer Ueberzeugung auch höchst unwahrscheinlich, daß bei einer Zulassung des Herzogs von Cumberland auf dem braunschweigischen Thron Streitigkeiten zwischen dem Herzog von Braunschweig als solchem und dem Könige von Preußen entstehen würden. Sollten sie entstehen, so würde dann der Art. 76 Platz greifen; ihn aber schon jetzt anzurufen, war offenbar unzulässig. Zweitens erklärte der preußische Antrag ausdrücklich, daß auch der persönliche Verzicht des Herzogs auf Hannover für dessen Zulassung in Braunschweig nicht genügen könne: deutlicher konnte es nicht ausgesprochen werden, daß nicht das Recht, sondern — die Politik in dieser braunschweigischen Frage maßgebend sein solle. Es entspricht diese Behauptung ganz dem oben erwähnten Gerücht, daß Preußen von dem Herzog Ernst August verlangt habe, er solle die Hannoveraner auffordern, gute Preußen zu werden, und daß dann doch nicht er, sondern — sein Sohn als Herzog von Braunschweig zugelassen werden solle. Sodann erscheint die Drohung im höchsten Grade bedenklich, die der preußische Antrag in wenn auch etwas gewundenen, so doch nicht mißzuverstehenden Worten enthielt. Wenn die Landeshoheit in Braunschweig, sagte derselbe, in die Hände eines Fürsten gelegt würde, der einem Theile der Bevölkerung von Hannover als Prätendent auf die gesammte preußische Provinz dieses Namens gölte, „so würde Seine Majestät der König von Preußen die Fürsorge für die Sicherheit im Lande selbst in die Hand nehmen, wenn nicht die Institutionen des Reiches die Mittel zur Verhütung unmöglicher Zustände darböten".*) Das war

---

*) Es macht durchaus den Eindruck, daß die Worte von „wenn nicht" an von einer zweiten Hand hinzugesetzt sind. Hätten wir hierin Recht, so wäre der fragliche Satz als Symptom jedenfalls von noch größerer symptomatischer Bedeutung. Es ist genau derselbe Gedankengang als der, welcher

die Drohung mit der offenen Gewalt, die Drohung mit dem Kriege, obwohl beide in dem neugegründeten Reiche nicht möglich sind. Beruht doch der Art. 76 eben auf dieser Unmöglichkeit und weist derselbe doch gerade deßhalb einen Weg, um Gewaltsamkeiten vorzubeugen.

Endlich ging das Petitum des preußischen Antrages, wenn auch die Prämissen für ein Einschreiten des Bundesraths gegeben wären, erheblich zu weit. In sehr dankenswerther Weise macht die Broschüre „Aktenstücke zur Frage der Erbfolge im Herzogthum Braunschweig" auf die Worte aufmerksam, mit denen der Geheime Rath von Savigny am 9. April 1867 die Annahme des Art. 76 empfahl. Unter dem Wort „erledigt", sagt dieser, sei nur im Allgemeinen angedeutet worden, daß der Bundesrath bestrebt sein werde, für eine an ihn gebrachte Angelegenheit, falls es ihm nicht gelinge, dieselbe innerhalb seines Schoßes — er möchte sagen im „Familienrathe" — zu einer befriedigenden Lösung zu bringen, „diejenigen Rechtswege selbst zu bezeichnen, auf denen die Sache zum Austrag kommen kann". Es sei dabei vorzugsweise auch der Fall einer „Verweisung auf Austrägal=Instanz" vorausgesehen. „Das verstehen wir unter dem Worte „„erledigt"".

Es bedarf wohl keiner Auseinandersetzung, daß dem Worte „erledigt" hier eine Bedeutung gegeben wird, welche von derjenigen g ä n z l i c h abweicht, die jetzt der preußische Antrag demselben zu geben versuchte. Falls der Bundesrath den Fall des Art. 76 für gegeben hielt und im Sinne der offiziellen Erklärung von 1867 verfahren wollte, mußte er zunächst ein kontradiktorisches Verfahren einleiten und zu diesem Zwecke — vorausgesetzt, daß von dem Herzoge von Cumberland zur Zeit einmal abgesehen werden soll — den braunschweigischen Regentschaftsrath zu einer Aeußerung auf=

---

eine officiöse Zeitung im Verlaufe der Differenzen zwischen Reichskanzler und Reichstag einst mit dem Austritte Preußens aus dem neuen Reiche zu drohen verleitete.

fordern, um dann zwischen Braunschweig und Preußen eine Verständigung auf gütlichem Wege zu versuchen. Wäre dieser Versuch mißglückt, so würde der Bundesrath dann einen Rechtsweg zur Erledigung der Angelegenheit zu bezeichnen und dabei vorzugsweise eine Austrägal-Instanz ins Auge zu fassen gehabt haben.

Der preußische Antrag vom 21. Mai sah dagegen von einem kontradiktorischen Verfahren ebenso völlig ab, als von einem Rechtswege für den Fall, daß die von dem Bundesrathe zu versuchende Vermittelung scheitern sollte. Von einer Vermittelung zwischen zwei Parteien, die doch den Grundgedanken des Art. 76 bildet, war überhaupt keine Rede. Es trat an die Stelle der Vermittelung nach kontradiktorischem Verfahren ein administratives und so zu sagen polizeiliches Eingreifen.

Auch noch in anderer Beziehung erschien das preußische Petitum sehr bedenklich. Der Wortlaut war allerdings durchaus vage gehalten. Es ward nicht mit Bestimmtheit gesagt, ob das R e ch t des Herzogs oder nur die A u s ü b u n g desselben aus politischen Gründen ausgeschlossen werden solle. Eine prinzipielle Anerkennung des Erbrechts des Herzogs von Cumberland ward nicht ausgesprochen und es geht aus der Begründung im Gegentheile hervor, daß man sich über das Recht an sich zur Zeit nicht äußern und dasselbe als möglicher Weise anfechtbar hinstellen wollte. Es ward also durch den preußischen Antrag in keiner Weise der Boden für eine fürstliche Regentschaft nach dem Ablaufe des Trauerjahres geebnet; und ebenso wenig führte derselbe etwa zu einer Anerkennung des Sohnes des Herzogs von Cumberland. Man kann sich deßhalb nicht wundern und es liegt darin wohl ein Ausplaudern dessen, was man eigentlich wollte, wenn in Berliner Zeitungen hervorgehoben wurde, daß der preußische Antrag sich ebensowohl gegen das Erbrecht des Sohnes des Herzogs von Cumberland richte, oder wenn mit Hinweisung auf das, was der preußische Antrag nicht sagte, verlangt ward, daß Braunschweig zum Reichsland erklärt werde. Es paßte vollständig dazu, wenn man hervorhob, daß Preußen im Antrage vom 21. Mai offenbar noch nicht sein letztes Wort gesprochen habe, oder wenn man von den verschiedensten Seiten verlangte, daß kein Provisorium sondern ein Definitivum geschaffen werde. Denn wie soll ein Definitivum anders als auf dem Wege der Gewalt möglich sein, wenn man den Herzog von Cumberland nicht zulassen will? Kein Zweifel! In dem preußischen Antrage vom 27. Mai lag — seine Urheber mögen dabei noch so sehr in bona fide gewesen sein — ein Attentat gegen das zur Zeit in Deutschland geltende Recht. Die „Liberalen" sollten es wohl bedenken, daß diese preußischen Rechtsdeduktionen ganz von demselben Schlage sind, als die, mit denen man in der Hamburger- resp. Elbschifffahrts-Frage und dann später in der Frage des zweijährigen Budgets vor den Reichstag getreten ist. Wir sind stets der Meinung gewesen, daß die „liberale" Opposition sich völlig lahm lege, wenn sie dem Tadel der inneren Bismarck'schen Politik eine r ü ck h a lt l o s e Anerkennung von dessen auswärtiger Politik vorausschicke. Wenn die „Liberalen" aber jetzt die Uebertragung der auswärtigen Politik auf das Verhältniß zu den deutschen Einzelstaaten zulassen und sogar befürworten, so ist mit Bestimmtheit vorauszusagen, daß sie niemals gegen den Fürsten Bismarck und seine Schüler aufkommen werden. Wie man die Einzelstaaten behandelt, so darf und wird man z. B. auch den Reichstag behandeln.

Die Konservativen haben in dieser Sache weit mehr auf ihrem Posten gestanden. Mehr und mehr hat man auf ihrer Seite den Irrweg erkannt, auf den der preußische Antrag führte. In höchst anerkennenswerther Weise trat daneben das Centrum auf seiner ganzen Linie für das Recht in der braunschweigischen Frage ein. Der Instinkt weiterer Kreise drängte mehr und mehr auch die politisch Farblosen zu der gleichen Anschauung. Die Bewegung war durchaus spontan. Sicher wurden auch „Liberale" allmählich von dieser Strömung ergriffen oder vermochten sich doch derselben nicht ganz zu entziehen. Es erwachte etwas von dem alten Rechts=gefühl unserer Nation.

Daß man in dieser Weise eines der ältesten und geschichtlich hervorragendsten Fürstengeschlechter aus den Reihen des deutschen Fürstenthums völlig verdrängen wollte, — das ging dem gesunden deutschen Gefühl denn doch zu weit. Die sonst so wenig beachtete „welfische" Presse für diese Bewegung verantwortlich zu machen, heißt die Wahrheit völlig verkennen.

Um über die Deutsch=Hannoveraner noch ein Wort zu sagen, so treten wir in dieser braunschweigischen Frage gerade ebenso für das Recht ein, wie wir in den beiden obengenannten Fragen für das Recht eingetreten sind. Und wir vertheidigen das föderative Prinzip, wie wir es im Jahre 1883 bei Gelegenheit des zwei=jährigen Budgets gethan haben. Nicht, daß wir nicht wirklich wünschten, es gäbe ein Reichsgericht für solche Erbfolgestreitig=keiten, oder das bestehende Reichsgericht sei für dieselben kompetent: gerade die Hannoveraner haben 1867 im Reichstage für ein Reichs=gericht gestimmt und diese braunschweigische Frage gibt ihnen nur zu sehr Recht. Die Verweisung an eine Austrägal=Instanz hätte na=türlich ebenso wenig ein Bedenken. Aber eine Regelung dieser Ange=legenheit nach Gründen der Politik d. h. nach dem so zu sagen sub=jectiven Ermessen des Bundesraths bleibt — ein Gewaltakt, der die schlimmsten Consequenzen haben muß. Auch die Zustimmung des braunschweigischen Regentschaftsraths und der braunschweigischen Stände=Versammlung — sie erscheinen doch immerhin in einem ähnlichen Lichte wie das Benehmen der Hamburger in der Frei=hafenfrage — kann diesen Sachverhalt nicht ändern.

Der Verfasser weiß auch seinen Standpunkt nicht besser zu kennzeichnen, als durch die trefflichen Worte, mit denen die mehrerwähnte Broschüre die durch den preußischen Antrag vorge=schlagenen Maßregeln charakterisirt: „Wird eine solche äußerste

Maßregel ohne die feste Unterlage einer dazu ermächtigenden Bestimmung der Reichsverfassung gebraucht, gebraucht nicht zur Schlichtung einer vorhandenen, den Frieden des Reichs wirklich und ernstlich bedrohenden Streitigkeit, sondern um Streitigkeiten, die lediglich als künftig möglich angenommen werden und von denen Niemand gegenwärtig ernste Gefahr für Bestand und Frieden des Reichs besorgen kann, vorzubeugen, so ist die Selbstständigkeit der Bundesstaaten, ihrer Fürsten und Verfassungen damit auf das Tiefste erschüttert" *).

Auch an den deutschen Höfen hat das preußische Vorgehen offenbar mannigfache Bedenken hervorgerufen. Es sah einen Augenblick aus, als wenn sich der Bundesrath, wir wollen nicht sagen zu einer That, aber doch zu einer selbstständigen Handlungsweise aufraffen würde. Sechs Wochen sind darüber hingegangen, bis derselbe schlüssig geworden ist. Es fragt sich, inwiefern der dann am 2. Juli gefaßte Beschluß eine Abwehr des preußischen Versuchs enthält.

Wir wollen auch hier wieder Alles einräumen, was wir irgend wie einzuräumen vermögen, und uns auf dasjenige beschränken, was uns völlig unzweifelhaft erscheint.

In zwiefacher Beziehung enthält der Beschluß des Bundesraths dem preußischen Antrage gegenüber eine entschiedene Verbesserung; und insofern als er von Preußen mitgefaßt ist, also einen preußischen Rückzug. Einmal ist die Bezugnahme auf den Artikel 76 weggefallen und sodann die Behauptung des preußischen Antrags, daß selbst ein persönlicher Verzicht des Herzogs dessen Zulassung in Braunschweig nicht ermöglichen würde. Durch das Erste werden für die Zukunft die bedenklichsten Consequenzen vermieden, welche das Eingehen auf den preußischen Gedankengang hätte haben müssen. Durch das Zweite soll wenigstens das

---

*) A. a. O. S. 19.

Eingreifen des Bundesraths des rein politischen Charakters entkleidet werden.

Es läßt sich auch noch manches Andere zum Vortheile des geschickt abgefaßten Bundesraths-Beschlusses sagen. Ein Zweifel an dem Rechte des Herzogs von Cumberland auf die braunschweigische Erbfolge wurde im Gegensatze zu dem preußischen Antrage in keiner Weise ausgesprochen, und man kann sagen, daß hierin eine indirekte Anerkennung dieses Erbrechts enthalten sei. Der Sinn des Bundesraths-Beschluß kann eigentlich nur der sein, daß der Herzog von Cumberland, weil und so lange er auf Hannover nicht verzichte, in Braunschweig regierungsunfähig sei.

Dennoch erscheint der Bundesraths-Beschluß vom 2. Juli kaum als geeignet, um einem weiteren Vordringen der oben charakterisirten preußischen Tendenzen nennenswerthe Hindernisse entgegen zu stellen. Die Kompetenz des Bundesraths ist in keiner Weise begründet. Noch immer fehlt es an „der festen Unterlage einer dazu ermächtigenden Bestimmung der Reichsverfassung"; und es ist im Grunde noch bedenklicher, wenn es jetzt aufgegeben wird, einen Titulus für die Entscheidung des Bundesraths zu suchen. Es will uns scheinen, daß die verbündeten Regierungen, wenn sie die Ausschließung des Herzogs von Cumberland für nöthig, und das Reich zu einer Entscheidung in dieser Frage für berechtigt hielten, dem Reichstage eine darauf bezügliche Gesetzesvorlage hätten machen müssen.

Eben so unbefriedigend ist der materielle Inhalt des Beschlusses. Es ist auch hier wieder sicher geschickt, wenn derselbe lange Rechtsdeduktionen vermeidet. Andererseits sind aber die beiden Sätze, durch welche die Ausschließung des Herzogs begründet werden sollen, so mager, daß man kaum weiß, was man dazu sagen soll. Wir wissen freilich nicht, ob und welche weitere Begründung der Erklärung des Bundesraths vorausgeschickt und dem Publikum vorenthalten ist. So wie die beiden Sätze aber isolirt hingestellt erscheinen, enthalten sie eine Art petitio principii. Es soll mit den Grundprinzipien der Bündnißverträge und der Reichsverfassung nicht vereinbar sein, daß der Herzog von Cumberland 1) „in einem dem reichsverfassungsmäßig gewährleisteten Frieden unter Bundesgliedern widerstreitenden Verhältnisse zu dem Bundesstaat Preußen sich befinde" und 2) „daß er Ansprüche auf Gebietstheile dieses Bundesstaates geltend mache." Das ist ja eben die Frage, ob ohne ein dies ausdrücklich aussprechendes Gesetz und im Gegensatze zu dem, was in Deutschland tausendfach vorgekommen, ein Fürst von der Regierung eo ipso dadurch ausgeschlossen werde, daß er Ansprüche auf Gebietstheile eines anderen Reichsgliedes erhebt. Was aber den ersten Satz betrifft, so vermögen wir uns unter dem darin liegenden Einwande, soweit derselbe nicht mit Punkt 2 zusammenfällt, nichts anderes vorzustellen, als wieder jenen „ideellen Kriegszustand", mit dem Preußen so wenig Glück gemacht hat.

Die Form der Ausschließung selbst ist eine andere als die des preußischen Antrags. Dieser hatte sich lediglich auf das salut public zurückgezogen. Der Bundesrath erklärt die Regierung des Herzogs Ernst August in Braunschweig nicht, wie Preußen es beantragt hatte, mit der Sicherheit des Reichs, sondern mit den Bündnißverträgen und der Reichsverfassung unvereinbar. Es ist also so zu sagen eine rechtsphilosophische Deduktion, welche an die Stelle einer Berufung auf die politische Nützlichkeit tritt. Wir finden auch hierin wieder einen Vorzug des Beschlusses und einen — preußischen Rückzug. Es ist aber doch schließlich wieder nur die so zu sagen subjective Auffassung des Bundesraths, — der Ausdruck „Ueberzeugung" ist ganz bezeichnend —, welche maßgebend sein soll.

Die Unbestimmtheit des preußischen Petitums ist dennoch der Hauptsache nach nicht vermieden. Die ausdrückliche Anerkennung, eines dem Herzoge Ernst August an sich zustehenden Erbrechts ist nicht ausgesprochen. Es bleibt vollends unentschieden, ob das Recht des Herzogs von Cumberland durch seine Stellung zur hannoverschen Frage vernichtet oder nur suspendirt wird. Es bleibt also mindestens die Frage eine offene, ob der Herzog von Cumberland als der im Sinne des braunschweigischen Regentschafts-Gesetzes verhinderte Thronfolger betrachtet werden solle oder ob eine Vormundschaft für dessen ältesten Sohn einzutreten habe. Aber auch dessen Erbrecht ist noch nicht völlig gegen etwaige Angriffe gesichert.

Es gehört nicht viel dazu, um zu erkennen, daß die braunschweigische Erbfolge-Frage durch diesen so ersichtlich auf dem Wege des Compromisses entstandenen Bundesraths-Beschluß nicht definitiv erledigt werden wird. Die schleswig-holsteinische Frage war seiner Zeit der Prüfstein für den alten Bundestag und er ist daran zu Grunde gegangen, daß er sich nicht rechtzeitig zu der nöthigen Energie in derselben aufraffen konnte. Die braunschweigische Frage ist der Prüfstein für den Bundesrath; und wie damals die „liberale" Färbung dem Augustenburgischen Rechte im Wege stand, so steht jetzt die deutschhannoversche Färbung dem „welfischen" Erbrecht im Wege. Noch immer kommt es thatsächlich nur darauf an, daß der Herzog Ernst August und event. dessen ältester Sohn als erbberechtigter Thronfolger im Prinzipe anerkannt und daß im ersteren Falle eine Regentschaft, im zweiten eine Vormundschaft in Braunschweig eingesetzt werde*).

---

*) Für den Fall einer Regentschaft würde zunächst der Herzog von Cambridge der zur Regentschaft Berufene sein. Der § 5 des braunschweigischen Regentschafts-Gesetzes hat auch dessen Rechte reservirt. Es ist allerdings zu bedauern, daß der Herzog von Cambridge seine Stellung und seinen dauernden Wohnsitz in England beibehalten zu können sich vorbehielt. Sein Recht kann ihm aber dadurch nicht genommen werden. Auch ist es irrig, wenn man in dem Herzog von Cambridge durchaus einen Engländer sehen will. Er ist der Sohn des als General-Gouverneur und Vizekönig um Hannover so hochver-

Wir möchten aber bezweifeln, daß den durch das preußische Vorgehen einmal aufgeregten und darin zum Ausdruck gekommenen annexionistischen Leidenschaften mit einem solchen Verlaufe gedient wäre, und daß sie sich bei demselben beruhigen werden. Selbst in diesem Augenblicke fehlt es nicht ganz an höchst bedenklichen Andeutungen der Berliner Offiziösen. Man hat sogar für den Fall, daß „unvorsichtige Schritte und Agitationen" von „welfischer" Seite erfolgen sollten, mit preußischen Anträgen gegen die Nach= kommenschaft des Herzogs von Cumberland gedroht: wie wenig ritterlich es ist, in dieser Weise die unserm Herzoge schuldige Rück= sicht gegen uns als Waffe zu gebrauchen, wird wohl Jeder fühlen. „Ob ein etwaiger Beschluß der braunschweigischen Kammer", heißt es dann in einer solchen Korrespondenz weiter, „das Land dem Kaiser als Reichsland zu empfehlen, die Situation zu ändern geeignet wäre, lassen wir dahingestellt." Man sieht, wie solche Stimmen durch=

---

dienten älteren Herzogs von Cambridge, der vom Ende des vorigen Jahrhun= derts an bis zum Jahre 1837 seine beste Manneskraft dem Lande Hannover gewidmet hat und auch in der Franzosenzeit einen rühmlichen Namen sich zu machen verstand. Daß auch die Mutter des Herzogs eine Deutsche ist, sei hier nur nebenbei erwähnt. Wichtiger aber ist es, daß der jetzige Herzog von Cambridge in Hannover und also als Deutscher geboren ward und seine Kind= heit dort verlebte. Er dürfte den deutschen Verhältnissen erheblich näher stehen, als z. B. der Herzog von Edinburg. Will der Herzog von Cambridge, was wir nach den Andeutungen seines letzten Briefes an den Grafen Görtz=Wris= berg nicht glauben möchten, durchaus seinen Wohnsitz und seine Stellung in England beibehalten, so wird er für eine Vertretung in Deutschland zu sorgen haben. Kommt dagegen der Herzog für den Regentschaftsposten aus irgend einem Grunde in Wegfall, so greift der § 6 des braunschweigischen Regentschaftsgesetzes Platz, wenn man de jure den Herzog Ernst August als Herzog anerkennt. Erkennt man dagegen dessen Sohn: den Prinzen Georg Wilhelm als Herzog an, so findet das Regentschaftsgesetz keine Anwen= dung und würde eine Vormundschaft anzuordnen sein. Es kommt zunächst auch hier wieder der Herzog von Cambridge in Betracht. Eventuell wird man an die Constituirung einer andern Vormundschaft zu denken haben.

aus wieder an die Fühler anknüpfen, mit denen die Offiziösen den preußischen Antrag vom 21. Mai begleitet haben. Soll ein Rückzug damit verdeckt werden oder sind es umgekehrt die Vorboten zukünftiger Schritte? Wir fürchten, daß es bald genug wieder heißen werde, es dürfe kein Provisorium in Braunschweig geschaffen werden.

Resultate.

Im Grunde bleibt die braunschweigische Frage, wie wir uns zu zeigen bemüht haben, noch immer in der Schwebe. Dennoch dürfen wir schon heute auf wichtige Resultate, welche dieselbe gehabt hat, hinweisen. Nicht der Bundesraths-Beschluß, sondern der preußische Antrag vom 21. Mai ist unseres Erachtens das charakteristische Zeichen der Zeit. Es liegt klar am Tage, daß, wie die Dinge heute liegen, das preußische Vorgehen durch die Haltung der hannoverschen Bevölkerung, durch die Haltung der deutschhannoverschen Partei unter keinen Umständen gerechtfertigt werden kann. Die Ungeheuerlichkeit des Mittels würde jedenfalls in keinem Verhältnisse zu dem als Uebel Bekämpften stehen. Man hat die Wahl, was man als den eigentlichen Grund des preußischen Vorgehens betrachten will: ob den Expansionstrieb oder das innere Bewußtsein, von dem, was 1866 geschehen ist. Die Geschichte wird dereinst urtheilen, daß das damals Geschehene nach einem bekannten Dichterwort weiter und weiter geführt hat. Hier liegt das entscheidende Moment für die fernere Entwickelung unserer deutschen Verhältnisse.

Das Einzige, was man zur Rechtfertigung einer Revolution und also auch zur Rechtfertigung des 1866 Geschehenen sagen kann, besteht darin, daß die Verhältnisse unheilbare gewesen seien, daß der Knoten habe zerhauen werden müssen, daß aber nunmehr der anormale Weg der Gewalt wieder verlassen und durch eine neue Rechtsordnung ersetzt werden solle, welche unverbrüchlich gehalten werden müsse. Daß das Recht das einzig Normale und in einem Staatswesen Mögliche sei, leugnet diese Auffassung nicht. Auch ihr erscheint die Revolution als eine Krankheit, wenn auch als eine nothwendige. Wo das innere Volksleben noch ein gesundes war, hat man, wie in der Schweiz des Mittelalters und in dem England des 17. Jahrhunderts, so rasch als möglich wieder in gesetzmäßige Bahnen eingelenkt und das Gesetz recht eigentlich zum Mittelpunkte des ganzen Volkslebens gemacht.

Es schien möglich, daß die Dinge sich auch bei uns so gestalten würden, und wir haben bei vielen unserer Gegner ein aufrichtiges Streben nach dieser Seite hin gesehen.

Dem gegenüber stand aber von vornherein die Besorgniß, daß es bei uns anders gehen werde und müsse. Wenigstens die Annexionen und insbesondere die von Hannover erschienen so unmotivirt, daß sie nur als eine Abschlagszahlung für das revolutionäre Gelüste erscheinen konnten. Dabei war Alles so unglaublich leicht gegangen, daß dies weiter und weiter locken mußte. Preußens Geschichte seit dem siebenjährigen Kriege und mehr noch seit der Theilung Polens wiesen nach dieser Seite. Unsere ganze Zeit und leider auch unser armes Deutschland sind seit dem Ende des vorigen Jahrhunderts dermaßen von revolutionären Auffassungen angesteckt, daß jeder Schritt auf der Bahn der Revolution zu unabsehbaren Consequenzen führen muß.

Unsere Gesinnungsgenossen haben deßhalb vom ersten Augenblicke an behauptet, daß die deutsche Revolution durch das Jahr 1866 nur eingeleitet sei und daß dieselbe weiter und weiter führen müsse.

Wenn man den vielen guten Willen sah, der sich nach dem Jahre 1870 auf der Gegenseite zeigte, so konnte man irre werden an dieser Ueberzeugung. Die Ereignisse aber haben uns leider

Recht gegeben. Schon der Culturkampf war durch nichts motivirt und stellte sich bei einer so jungen Schöpfung, wie das neue Reich es war, als ein grober Fehler dar. Die Geschichtsschreiber einer späteren Zeit werden urtheilen, daß die deutsche Revolution von 1866 noch so im „Schusse" gewesen sei, daß sie ein neues Opfer gefordert habe.

Die scheinbare Zurückwendung zu konservativen Grundsätzen, die mit dem Jahre 1879 begann, konnte doch nicht loskommen von der einmal betretenen revolutionären Bahn; es konnte tief traurig stimmen, wenn man sah, wie jene Leidenschaftlichkeit und jene — Kühle für das Rechtsprinzip, welche das Jahr 1866 und die Zeit der Maigesetzgebung kennzeichnen, jetzt in gewisser Beziehung und bis zu einem gewissen Punkte auch auf dem gewerblichen, sozialen und den damit verbundenen Gebieten Platz griffen.

Noch konnten alle diese Dinge immerhin je nach den verschiedenen Parteistandpunkten in Zweifel gezogen werden. Jetzt trat zum ersten Male nach 1866 die offene und klare Tendenz hervor, die willkürliche Entscheidung nach den Grundsätzen der Politik d. h. der salus publica an die Stelle der Rechtsentscheidung innerhalb des Reiches zu setzen. Wir wissen wohl, wie es kommen konnte, daß man die Proklamation der Prinzipien des Wohlfahrts-Ausschusses von so verschiedenen Seiten mit Jubel begrüßt hat. Denn wir gedenken jenes Wortes aus der ersten französischen Revolution, daß Frankreich unbesieglich sei, so lange es auf den Bahnen der Revolution bleibe. Aber wir warnen alle wirklich freiheitlich gesinnten Männer vor einer Bahn, die wahrlich nicht blos in Frankreich zur Tyrannis geführt hat und stets zur Tyrannis führen wird. Auch den „Liberalen" gegenüber ist Fürst Bismarck weit genug gekommen. Ein falscher Schritt kann ihr Verderben sein.*)

---

*) Der Verfasser macht übrigens, auch davon abgesehen, kein Hehl daraus, daß es uns schmerzlich berühren muß, der großen Mehrheit aller „liberalen"

Die „Liberalen" haben auch hier wieder von einer Acht gesprochen, die über den Herzog von Cumberland durch den Bundesrath verhängt werden solle. Eine Acht würde aber doch stets nur gegen denjenigen verhängt werden können, von dem die Thaten, welche man treffen will, ausgingen. Wo aber hat man jemals von einer Acht gehört, die viele Jahre später gegen den unbetheiligten Sohn verhängt wurde?

Man hat sich nicht entblödet, eine Ausschließung der gesammten welfischen Dynastie mit der Begründung zu verlangen, daß dieselbe von jeher eine reichsfeindliche gewesen sei. Der Verfasser spricht es offen aus, daß er in dem entscheidenden Kampfe zwischen Kaiser Friedrich Rothbart und Heinrich dem Löwen nicht auf der Seite des letzteren steht. Es betrifft dies aber nur eine kurze Episode. Heinrich der Löwe hat schwer für sein Vergehen gebüßt. Die Sache war damit abgethan und mußte damit abgethan sein und sein gesammtes Geschlecht hat seitdem, wie kaum ein anderes in Deutschland, treu zu Kaiser und Reich gestanden. Es braucht nicht gesagt zu werden, daß die Geschichte der welfischen Dynastie die der hohenzollernschen hierin übertrifft. Die hannoversche Geschichte hat im Wesentlichen nur eine Ausnahme aufzuweisen: es ist die Theilnahme Hannovers für Preußen im siebenjährigen Kriege. Wir sollten aber meinen, daß Preußen uns Hannoveranern dafür Dank schuldig sei. Die großen Dienste, welche die welfische Dynastie Deutschland in der Vertheidigung gegen Frankreich geleistet hat, bedürfen, auch hiervon abgesehen, keines Beweises. Auch im Anfange dieses Jahrhunderts würden wir ohne die englische Mithülfe der Franzosen nicht Meister geworden sein, und es ist leicht nachweisbar, daß die hannoversche

---

Organe noch in solcher Weise als Gegnern zu begegnen, nachdem wir während 6 Jahren so oft an der Seite der Linken gekämpft haben. Wir sind auch überzeugt, daß die „Liberalen" uns bald genug servil nennen würden, wenn wir anders handelten. Doch kommt das hier natürlich nicht in Betracht.

Dynastie in England die Seele des Kampfes gegen Frankreich war und daß nach menschlichem Ermessen die englische Politik ohne die Welfen eine wesentlich andere gewesen wäre; und wo bleiben die preußischen Schmäher der welfischen Dynastie mit jenen braunschweigischen Herzögen, die so wesentlich zu den Erfolgen Friedrichs des Großen beitrugen einerseits und mit jenem Herzog Karl von Oels andererseits, der da mit zu denen gehörte, welche das Signal zu den Freiheitskriegen gegeben haben?

Der hannoversche Zweig der Welfen soll durch die Uebersiedelung nach England eine fremde Dynastie geworden sein. Es ist aber klar, von welchem Segen diese Verpflanzung für Deutschland, Frankreich gegenüber, gewesen ist. Es steht daneben fest, daß die beiden ersten Könige aus dem Hause Hannover sich durchaus noch als Deutsche fühlten und gerade darum von den Engländern als Fremde betrachtet wurden. Erst Georg III. war in England geboren und erst ihn haben die Britten als Engländer gelten lassen. Es ist aber bekannt, welche große Rolle die Sympathien für sein Heimathland gerade bei seiner Politik spielten und wie eifersüchtig die Engländer in dieser Beziehung waren. Von dem Herzog von Cambridge war schon oben in einer Anmerkung die Rede. König Ernst August hatte wie dieser die Ausbildung auf einer deutschen Hochschule genossen und lebte vor seiner Thronbesteigung lange Jahre in — Berlin.

Die Ausschließung aller „fremden Prinzen" von der Regierung deutscher Länder durch ein förmliches Reichsgesetz ist namentlich neuerdings in Aussicht genommen. Aber wäre dieß nicht wieder ein „Ausnahmegesetz" und kann die Competenz des Reichs zu einer so einschneidenden Maßregel im „Geiste" der Bundesverträge begründet sein? Hinsichtlich des Herzogs von Edinburg hat bis dahin jedenfalls Niemand an so etwas gedacht. Wir bestreiten natürlich, daß schon ein englischer Titel einen deutschen Fürsten zum Fremden macht. Aber man bedenke, daß selbst bei einer Ausdehnung auf den Herzog von Cumberland und dessen Descendenz die braunschweigische Frage durch ein solches Gesetz nicht aus der Welt geschafft würde. Wir wissen nicht, ob auch die Großherzogin von Mecklenburg-Strelitz als eine fremde Prinzessin gelten soll. Das Erbrecht ihres Sohnes würde aber doch jedenfalls von allen diesen Ausschließungen nicht berührt werden.

Auch von einer Expropriation zum Besten des Gesammt-Vaterlandes hat man wieder gesprochen. Wo aber liegt hier das wahre Interesse des Reichs? Wir drehen die Sache um und sagen, es müsse zunächst das Recht in dieser braunschweigischen Frage gewahrt werden; und wenn dieses Recht zu der politischen Herstellung Hannovers führe, so müsse natürlich auch diese erfolgen.

Die jetzt scheinbar so verwickelte braunschweigische Frage wird äußerst einfach, wenn man wenigstens hier die Wahrung des Rechts als etwas ganz Selbstverständliches betrachtet, nach dem die politischen Gesichtspunkte sich richten müssen. Wenn aber jetzt, nachdem die Revolution des Jahres 1866 einen angeblichen Abschluß gefunden hat und nachdem eine neue Rechtsordnung in Deutschland begründet worden ist, von den Gründern desselben in einer so viel flagranteren Weise dagegen gefrevelt wird, als dies seiner Zeit in der Hamburger und in der Frage des zweijährigen Budgets geschah, so wird die ganze neue Rechtsordnung in Frage gestellt und untergraben. Wir sollten denken, daß wir und unsere Gesinnungsgenossen in dieser Sache die wahren Reichsfreunde sind, nicht aber die Verfechter des preußischen Antrages. Wir erinnern uns sehr wohl, wie der damalige Graf Bismarck im Jahre 1866 zur Vertheidigung der Annexionen darauf hinwies, wie Preußen gezeigt habe, daß es seine Freunde zu schützen und seine Feinde hinwegzufegen vermöge. Seit der Gründung des Reichs findet eine solche Sprache naturgemäß keine Stätte mehr. Wir langen bei derselben aber wieder an, wenn wir bei der ersten Gelegenheit, wo die neue Rechtsordnung die Kraftprobe bestehen soll, die Rücksichten der Politik an die Stelle des Rechts setzen. Gerade dies ist recht eigentlich das, was man früher Kabinetspolitik zu nennen pflegte, und es berührt sich mit der Revolution, wie die zweite Theilung Polens mit den Thaten der ersten französischen Republik.

Wenn wir vor einigen Wochen die Zeitungen von der „Cumberland=Gefahr", die durch den preußischen Antrag beseitigt werden solle, deklamiren hörten, so drängte sich uns unwiderstehlich das Bild der großen französischen Revolution auf. So müssen damals die französischen Blätter gesprochen haben, als es galt, die Gesetze gegen die Royalisten und deren Vermögens=Konfis= kation zu rechtfertigen.

Es liegt auf der Hand, in welchem Maße alle diese Dinge der hannoverschen Sache und der hannoverschen Partei zu Gute kommen müssen. Wenn das Herzogthum Braunschweig der wel= fischen Dynastie völlig vorenthalten werden sollte, so wachsen da= durch von Neuem die Rechtsansprüche, die dasselbe, auch abge= sehen von der Annexion Hannovers gegen Preußen geltend zu machen hat. Wir sind gewiß weit entfernt, die Einkünfte des Herzogthums Braunschweig in dieser ganzen Frage irgendwie in den Vordergrund zu stellen. Aber Braunschweig und der Welfen= fonds bilden zusammen doch ein recht nennenswerthes Objekt, und täglich werden die Einkünfte des Ersteren und die Zinsen des Letzteren hinzukommen. Wer will behaupten, daß solche Rechts= ansprüche nicht früher oder später recht schwer ins Gewicht fallen können und daß nicht eine Zeit kommen kann, wo man wenigstens einen Theil Hannovers dafür bietet? Nicht minder aber sind die Sympathien für unsere Sache gewachsen. So lange man wirk= lich glauben konnte, daß die Revolution des Jahres 1866 definitiv geschlossen sei, war unsere Partei isolirt. Seitdem es sich gezeigt hat, in welchem Maße das Prinzip des Jahres 1866 Deutsch= land noch in den Gliedern steckt; seitdem beginnt man einzusehen, daß unsere Behauptung von dem Interesse, das das gesammte Deutschland an unserer Sache habe, eine wohlbegründete war. Gerade auch außerhalb Hannovers geht seit dem Auftauchen der braunschweigischen Frage, und im besonderen Maße seit dem preußischen Antrage jene Strömung im antiannexionistischen Sinne durch unser Volk. Die Erklärung des Grafen Bernstorff=Beseritz und des Herrn von Oertzen=Leppin hat zahlreiche Zustimmungserklärungen gefunden und wir ergreifen diese Gelegenheit, um in der Hauptsache hier auch unsere materielle Adhärenz auszusprechen.

Die hannoversche Partei und deren Sache sind durch die braunschweigische Frage — es hat sich dies schon in den Verhandlungen des Reichstags gezeigt — wieder in einer Weise in den Vordergrund getreten, die man kaum mehr für möglich gehalten hätte. Eine Sache, die auch nur negativ eine solche Wirkung auszuüben vermag, wie sie in der braunschweigischen Frage von der hannoverschen Sache ausgeübt wurde, ist und bleibt ein politischer Faktor, den man bei der Zersetzung unserer Parteiverhältnisse nicht unterschätzen sollte.

Die „deutsche Frage" ist durch die braunschweigische wieder in Fluß gekommen. Wenn man in den Zeitungen vorschlug, Braunschweig, und nicht blos dieses sondern jedes Land, das an einen „ausländischen" Prinzen falle, für Reichsland zu erklären, so zeigt man deutlich, daß man auch vor dem jetzigen deutschen Staatensystem nicht Halt macht. Wir würden es vorläufig als einen großen Fortschritt betrachten, wenn Hannover zum Reichsland erklärt oder auch vom Reiche sequestrirt würde.

Auch in ihrem Innern ist unsere Partei — das glauben wir bestimmt aussprechen zu können — durch die braunschweigische Frage gestärkt. Schon die Anregung ist nicht zu unterschätzen, welche von vorneherein von derselben ausgegangen ist.

In gegnerischen Zeitungen war zu lesen, der preußische Antrag vom 21. Mai habe im höchsten Grade niederschlagend auf die „Welfen" gewirkt. Im Ganzen und Großen ist auch hiervon gerade das Gegentheil der Fall. Diejenigen allerdings, welche in Braunschweig eine Sühne für Hannover und somit ein bequemes Mittel zu finden hofften, um — zu einem Friedensschlusse zu gelangen: sie mögen niedergeschlagen und entmuthigt sein. Der Kern unserer Partei ist es aber wahrlich nicht. Die Bedeutung, die man uns beimißt, das Interesse, das man uns und unserer Sache von den verschiedensten Seiten schenkt, wirkt ermuthigend. Man hat eine Fügung des Himmels darin gesehen, daß zwei Tage nach dem Bundesrathsbeschlusse vom 2. Juli dem Herzoge Ernst August ein zweiter Sohn geboren und der hannoverschen Dynastie dadurch ein neues Pfand für deren Fortexistenz gegeben wurde.

In der Behandlung, die diese ganze braunschweigische Frage bei dem Fürsten Bismarck fand, glauben wir nicht mehr ganz die sichere Hand zu erkennen, die den Fürsten ehedem auszeichnete. Die Fehler und Uebertreibungen des preußischen Antrags sowohl als der dann erfolgende Rückzug sind geeignet, ein Kopfschütteln bei uns hervorzurufen.

Vor Allem aber stärkt und erhebt nichts mehr als das Gefühl, daß man mit Unrecht leidet. Mögen die Meinungen über dieses oder jenes innerhalb unserer Partei getheilt gewesen sein. Mag die Länge des Kampfes, mag der Mangel an konkreten, praktischen und für den Moment erreichbaren Zielen in der langen Zwischenzeit des Abwartens eine Schwierigkeit für uns gebildet haben und bilden; Fürst Bismarck hat uns wieder einmal über dieselbe hinweggeholfen. Wir stehen in diesem Augenblicke als die Vorkämpfer für das Recht und für das bündische Prinzip durchaus auf unserem Platze; wir stehen neu ermuthigt, gekräftigt und gehoben da seit dem Inslebentreten der — braunschweigisch-hannoverschen Frage.

Druckfehler.

Seite 1: Anmerkung, dritte Zeile, ist hinter „und" „das," einzuschalten.
Seite 6, Abs. 2, Zeile 4 lies: „Mai" statt „März".
Seite 8: lies statt „Vattél und Grotius" „Grotius und Vattél".
Seite 30: Ueberschrift, muß es heißen: „Die Hülfe des Auslandes nicht".
Seite 70: Anmerkung, Zeile 3, sind die Worte „als Symptom" zu streichen.
Seite 73, Abs. 2, Zeile 1, lies statt „27. Mai" „21. Mai".
Seite 76, Abs. 4, Zeile 2, lies statt „sicher" „sehr".